作者简介

财务系统建设专家，金财时代教育科技（北京）有限公司董事长，老板财务精品课程《老板利润管控》《财务体系》《股权体系》《资本体系》《内控体系》《预算体系》授课导师。

10年大型企业财务总监任职经验，多年财务信息化研究经验，"大财务"思想终身推动者。

曾为数万家民企及数百家大型知名企业提供财务顾问及咨询服务，为16万多名企业家、总经理、财务总监做过财务教练。

已出版作品：《财商Ⅰ：老板财务管控必修课》《财商Ⅱ：民企财务规范5大体系》《金财财税系统》《两账合一》《老板必修的财税系统》《7天透过报表看懂公司》等，均赢得了民企老板热烈追捧。

扫码添加张金宝
老师个人微信

◇携 80 位财务咨询师和助教授课《财务体系》

◇千位学员线下研习课程现场

◇现场辅导学员构建财务系统

◇带金财书院企业家一起游学，参访比亚迪和大疆

◇携 500 余位金财干部开启 2020 财年收官战役大会

老板财务内控11把刀

LAOBAN CAIWU NEIKONG 11 BA DAO

张金宝 / 著

中国经济出版社
CHINA ECONOMIC PUBLISHING HOUSE

图书在版编目（CIP）数据

老板财务内控 11 把刀 / 张金宝著. ——北京：中国经济出版社，2024.4

ISBN 978-7-5136-7664-9

Ⅰ.①老… Ⅱ.①张… Ⅲ.①企业管理－财务管理 Ⅳ.①F275

中国国家版本馆 CIP 数据核字（2024）第 047317 号

责任编辑　严　莉
责任印制　马小宾
封面设计　柏拉图

出版发行	中国经济出版社
印 刷 者	嘉业印刷（天津）有限公司
经 销 者	各地新华书店
开　　本	880mm×1230mm　1/32
印　　张	8.5
字　　数	206 千字
版　　次	2024 年 4 月第 1 版
印　　次	2024 年 4 月第 1 次
定　　价	68.00 元

广告经营许可证　京西工商广字第 8179 号

中国经济出版社 网址 www.economyph.com 社址 北京市东城区安定门外大街 58 号 邮编 100011
本版图书如存在印装质量问题，请与本社销售中心联系调换（联系电话：010-57512564）

版权所有　盗版必究（举报电话：010-57512600）
国家版权局反盗版举报中心（举报电话：12390）　　服务热线：010-57512564

前言

精益内控，轻松安全赚钱

这是一本专门给民企老板写的"风险与内控"的财务普及图书。

经营企业不容易，跑冒滴漏、流程混乱、舞弊腐败、风险堆积……让老板们如履薄冰，回忆创业的过程，全是一把眼泪一把鼻涕的艰辛和心酸。

"风险"是老板最在意的两个字。我在讲《老板利润管控》和《财务体系》的大课时，无数次问老板们，最关心的是哪些财务事项？"风险""股权""纳税"排在了前三。其实，经营企业的过程，也是与风险及收益博弈的过程。

近几年来，因为需要给民企做"内部控制"咨询案，所以我特别想在中国找一个通俗易懂的"内控课程"听一听。然而，结果让我很失望，全国到处打听，也始终没有找到令人满意的、通俗易懂的、实用的、案例和故事多的"内部控制"课程。大多相关课程不是太枯燥，就是太理论，让人听得昏昏欲睡。

实在无奈，于是决定自己研发一个"内控体系"课程。比如，用300多个案例和故事，去讲明白中小民营企业的内控体系如何构建，如何落地，要做哪些事情，要哪些落地文件，有哪些范本可参考，有哪些教训和好处。

年营业额40亿~50亿元的企业，有大量专业机构为其提供服务，内控体系需要具有一定的框架和雏形；年营业额3000万元以下的企业，内控体系还没被提上议事日程，多抓现金流和收入，活下来是更要紧的事情；年营业额3000万~30亿元的中小企业，相对来说，内控体系尤其重要，一些关键点没解决，最直接的表现就是营业额卡住了，不增长了，甚至不赚钱了。比如，有的企业在1亿元年营业上徘徊3~4年，有的企业在3亿元左右年营收上停留3~5年……究其根源，就是某个关键管理问题没有得到妥善解决，如流程没有导向客户、授权没有到位、组织能力没有跟上等。

中小民营企业，有没有内控？需不需要内控？

民企最朴素的内控，恐怕就是"老板娘当出纳、老岳父看大门、小舅子管采购"。所以，民企不管大小，内控或多或少一定有的，不然企业无法生存下来。就算没有系统学习内部控制相关理论与方法，出于常识大概也知道，有些事情是需要控制的，不然结果就未必是我们想要的了。比如，一间7人居住的学生宿舍，没有内控规则和秩序，恐怕垃圾会堆成山；即使一个3人的小家庭，也要有一些基本的不成文约定，否则也会矛盾不断。

据2020年国际反舞弊协会（International Institute of Anti-Fraud, IIAF）统计，内控损失约占企业年营业额的5%。现在，企业普遍感觉钱能赚了，利润却低了……如果把内控做好，企业的利润率不是就增加了吗？甚至利润可以翻一番。向外求不容易，只好向内求。向内求最快捷的不就是建设内控、降低成本、提高效率吗？

民企高速发展过程中，许多制度没有来得及建立，或者担心建立制度影响效率，当然更多的是没有搞明白内控体系如何建立。所以，我们最近在新闻上经常听到的是民营企业的管理漏洞和风控问题。不只是贪污腐败，更多的是没有适时建立内控体系，丧失了许多做大做强的机会，没能走在赚钱、值钱、长寿的大路上，甚至一个错误就导致企业走向了下坡路。国企有更强大的资源，民企却要脆弱得多。比如，国企的监督机制有内部审计、注册会计师审计、主管部门、纪检委、群众监督等；中小民企却大多只有一个人监督，那就是——老板。

然而，安全是 1，财富是 0，没有前面的安全，再多财富也将归零。

看过《红楼梦》的都知道，王熙凤就是一个财务内控高手。分工明确、授权明责、职责分离、监督检查、资产保全……运用得非常娴熟。如果企业都有这样一位管理高手、内控高手，那么企业都可以做得非常大。

比如，山东东营有一家铝合金企业，主营业务就是铝型材和门窗的生产销售。本来非常不错、经营挺好的一家企业，就因为"投资管控"没做好，导致企业面临破产。因为效益不错，政府以很便宜的价格给了企业 360 亩土地，老板开始盲目扩建厂房，大额投资，并且犯了几个非常低级的错误，就是"短贷长投""无资金预算""无投资分析"……最终企业资金链断裂、供应商断供、老板和老板娘离婚、500 多位员工失业。

内部控制，怎么落地？

内控体系，是需要根据企业的规模和战略目标来进行个性化设计的，年收入 3000 万元的企业内控与年收入 3 亿元的企业内控，一定是有区别的。正如我在"内控体系"大课上说的："1 亿元的企业，有 1 亿元的内控；10 亿元的企业，有 10 亿元的内控。用 3000 万元企业的内控，是支撑不了 10 亿元的企业经营的。"

经营企业的过程，也是内控建设的过程。建立内控体系的过程中，营业额也是在不断增长的，绝对不是停止运营，来完善内控体系。

所以，建立一套完善的精益内控体系，需要具备以下3个条件：

1．一个治世型的管理班子。

中国的老板，有创世型人才，也有治世型人才，还有乱世型人才、衰世型人才……治世型人才，是会精耕细作，如看报表、抠细节、建制度、理流程、抓落实、做检查……很擅长做精细化运营和管控，是很理性的人才。但是，这种人才毕竟太少，更多的则是创世型人才。创世型人才直觉敏锐、善于把握商机、胆大、目标感极强、精力旺盛、有拼劲和人格魅力。但是，如果让他坐下来，花几个小时去编写制度、抠细节、按时按点做检查，那他可能就会感到非常吃力。所以，老板或一把手，可以是创世型人才，也应该是创世型人才，但"二把手"及一些高管，就需要有能抓细节、抓精细化运营的治世型团队，这是内控建设的一个基础。

2．一支有经验的咨询团队。

去过八达岭长城的人，更容易讲明白爬长城的感觉。操盘过年收入100亿元企业的管理人才，更能讲明白百亿元企业经营的痛点和关键。在大公司工作过的财务高管，经历过风险管理和内部控制建设，亲手画过无数条流程，疏通过无数经营卡点，堵住过许多管理漏洞，撰写过数十万字的内控制度……他们是最有经验的内控高手，这绝对不是会计师事务所的审计工作能历练出来的。经营企业要找"军师或顾问"，有内控高手的手把手辅导，像私人家教一样，不断补课、布置作业、批改讲解作业，大多数企业都能建立一套适合其企业运营的内控体系。

3．一套通俗易懂的财务课程。

有病看医生，听课也像看医生一样，医生给建议、开方子，好课程能帮我们打开思路、给我们启发和"换脑"——改变旧有认知，换上新的思维。内控没做好，是一个结果。思维决定行为，行为决定结果。所以，要改变内控这个结果，一定是先改变关于内控的思维与认知。出去上课，的确是回报率最高的投资。从我这个财务咨询行业的一名老兵来说，研发一门内控课程，影响数以十万计的企业家，就影响了数十万家企业、数百万名员工……这是一件超级有成就感及幸福感的事情。

研发一门理想的内控课程，非常不容易。疫情期间，出差很少，反而可以腾出更多时间讨论做研发，我带着金财的5~6位咨询合伙人和研发人员，历时一年半，终于拿出了一点点小成果，可以作为1.0版本推向市场了。虽仍有不满意之处，但好在可以在此基础上不断升级。我相信，假以时日只要不断迭代，打造一个中国版通俗易懂的"内控体系"课程的梦想，一定可以实现！

相对来说，参加金财的线下课程需要更多时间和精力，买一本《老板财务内控11把刀》的图书就容易得多了。于是，我把线下课程中的一些内容和片段，如11种内控手段等整理成书，希望能让更多朋友获益。在此，我要感谢姜学青、王铁伟、吕军、李霞、陈丰、白希楼、郭建新、孙明霞等咨询大咖，为本书提供的优秀案例！感谢黄夕兵、周翔、邓力、孙淑玥、杨矗等财务和内控高手，为本书提供了思路、指导，并付出了大量的智慧和心血！也感谢李璐佳、高若琼、王萍舟等财务界的未来之星，参与了无数次的探讨，做了大量的文字及资料整理工作！感恩你们为中国财务行业和大财务领域贡献了一份力量！同时，我也将本书作为"金财控股"成立10周年的贺礼。过去的我们十年如一日，专注提供大财务咨询、培训、研究工作；未来的30年，相信我们依然会秉持工匠精神，做好中国"大财务"管理的研究与传播。

当然，本书还有不少错误或鄙陋之处，欢迎读者朋友多多指正。同时，为了帮助大家能更迅速地理解并掌握内控要点及方法，本书每章末尾都有一个"实战思考"模块，希望能对大家有所启发，也欢迎读者朋友结合自己企业的情况与自己的思考，来和我一起更深入具体地探讨相关问题。大家可以通过添加我的微信，来与我沟通和讨论各种想法、建议及问题，我也会在以后的版本中不断进行内容的修订、升级。如果你还希望在财务领域多一些了解，可以阅读我之前的拙著《老板财务管控必修课》《民企财务规范5大体系》等，这几本书也已经成为财税领域的畅销书。

生命中的一切，都向我来得轻松、喜悦，而又充满荣耀！

张金宝
于北京清华园

目录

导言　构建民企的精益内控体系　　/ 001

第 1 把刀
职责分离：
效率优先，适当牵制

做到既牵制又高效的两大要点　　/ 022
不相容职责分离模型及步骤　　/ 025
采购与付款分离的五个要点　　/ 030
费用与报销分离的五个流程　　/ 033
销售与收款分离的五个步骤　　/ 036
工程项目的不相容职责分离　　/ 040
【实战思考】　/ 042

第 2 把刀
授权控制：
授权明责，解放老板

实现授权明责的四大好处　　/ 044
授权前要想明白的三件事　　/ 047
授好权需掌握的六个要点　　/ 050
授权对象的选择与沟通关键　　/ 055
营造授权环境，保证授权效果　　/ 060
企业的常见权力及分类方法　　/ 065
为什么民企要先集权再授权　　/ 072
【实战思考】　/ 074

第 3 把刀
额度控制：
放小抓大，锁定风险

抓好额度控制的三大价值 / 076
"花钱"创造价值的三大原则 / 079
实行额度控制费用的三个步骤 / 082
运用定额成本法控制生产成本 / 085
通过信用额度控制坏账风险 / 088
控制银行转账风险的三个要点 / 090
控制业务资源投入的三招四式 / 092
额度控制执行的常见问题及解决方法 / 097
【实战思考】 / 100

第 4 把刀
人事控制：
通过人来控制事

人治是必要的内控手段 / 102
人治的应用环境 / 105
关键岗位的识别标准 / 107
选对人的判断模型 / 110
【实战思考】 / 116

第 5 把刀
业务流程化：
用流程打通赚钱管道

实施业务流程化的四大好处 / 118
SIPOC：全景视角梳理流程 / 121
ASMF：判断流程是否增值 / 125
ECRS：提升效率，消除浪费 / 129
【实战思考】 / 132

第 6 把刀
管理标准化：
搭建企业的"成功天梯"

实现企业最佳实践的可复制可复用 / 134
用"找、建、推、升"提高执行力 / 137
PDCA：闭环管理，建立标准 / 140
SDCA：固化标准，稳定流程 / 143
构建企业核心竞争力的八个步骤 / 147
【实战思考】 / 148

第 7 把刀
工作自动化：
用"机器"的可控，弥补人的缺点

工作自动化的三个优势 / 150
掌握防错法的五个思路 / 153
究源性检验的六个步骤 / 156
用简易自动化降本保质 / 158
【实战思考】 / 160

第 8 把刀
资产保全：
看住钱包，守住根本

资产的两大类及五保全 / 162
归口管理：做好四个方面 / 165
限制接触：抓住四道防线 / 168
定期轮岗：防范腐败风险 / 171
盘点对账：掌握四个要点 / 174
风险分担：实施规避手段 / 177
【实战思考】 / 178

第 9 把刀
计划预算：
谋定而后动，以免越忙越穷

计划预算的三大好处及模型 / 180
需做计划预算的两大理由 / 183
老板用好计划预算的策略 / 186
以OTR-BE指导团队做到计划预算 / 188
团队执行计划预算的两种方法 / 192
帮个人做好计划预算的工具 / 197
检查个人计划的平衡反馈法 / 200
用OTR-BE预算高效配置资源 / 202
【实战思考】 / 206

第 10 把刀	通过留痕管理防风险提效率　/ 208
留痕管理：	单据留痕：实现老板管理思路　/ 211
件件有追踪，事事有着落	表格留痕：用数据分析指导决策　/ 214
	文本留痕：记录关键行为规避损失　/ 217
	图像留痕：照片、视频记录过程防纠纷　/ 220
	软件系统留痕：打破时空限制追根溯源　/ 223
	适度留痕：把握尺度，避免资源浪费　/ 226
	【实战思考】　/ 228

第 11 把刀	经营看板对企业的四大好处　/ 230
经营看板：	制作经营看板的四个步骤　/ 233
看到才能做到，	目标管理：引导方向，激励奔跑　/ 235
都看到才能都做到	项目管理：统管全局，实时跟进　/ 238
	生产管理：杜绝浪费，提高效率　/ 241
	物料管理：防止断料、囤料、呆料三步走　/ 244
	【实战思考】　/ 247

后记　我能为你做点什么　/ 249

附录　学员联名推荐　/ 253

导言

构建民企的精益内控体系

一、民企内控乱象及六大误区

大家先思考一个问题：是民企应对风险的能力强，还是国企应对风险的能力强？

根据 2020 年国际反舞弊协会统计数据，内控混乱给企业带来的损失约占其全年营业额的 5%。也就是说，如果一个企业的年营业额为 1 亿元，那么内控混乱造成的损失就达 500 万元。

我们在经营企业的过程中，不仅要关注企业是否发展得更快，还要关注企业是否发展得更稳。

很多老板问我："张老师，我们企业规模也不大，有必要做内控吗？"有没有必要做内控不是老板说了算，也不是我说了算，而是要让数据说话。据《财富》杂志数据统计，世界 500 强企业的平均寿命为 40~50 年，美国每年新生 50 万家企业，10 年后仅剩 4%；日本存活 10 年以上的企业亦不过 18.3%；中国民企的平均寿命为 2.9 年。

为何大多民营企业会夭折？有内部管理和外部市场两方面的原因，前者主要是企业内控的缺失。有些企业即使有内控，也还

是会出现问题,是因为这些企业在内控建设时存在以下六大误区:

1. 单一化:只有枯燥的文字制度,没有配套使用的流程标准、表单工具。

如果你开车到一个陌生的地方,会看地图吗?是看文字地图,还是图片地图?如果只有文字、图片,没有语音,会是什么感受?

同样,企业内控如果只是文字制度,即使挂在墙上也只是装饰,基本没有人会看。一套完善的制度,一定要配备详细的流程标准和可供使用的表单工具,否则就只能面临两种结果:一是事先无人管,没有约束;事中没标准,无法遵守;事后无检查,无法改善。二是无问题时不管理、不监督,有问题时不沟通,也很难追查原因。

2. 僵尸化:搞静态内控,始终不变。

现在,还有企业做营业税的筹划吗?肯定没有了,因为已经全面"营改增"了。做内控也是一样,必须动态管理。即使企业有内控制度,也要随着企业的发展,对其内容、格式和工具做相应的调整。

3. 片面化:认为内控就是花钱,看不见内控与效益的关系。

1997年,华为花费20亿元咨询费,请IBM等国际知名管理咨询公司做咨询,以改善内控与流程。到2018年,华为共投入超过300亿元,平均每年投入15亿元。成果就是,华为年销售额从1998年的89亿美元增加到2019年的8588亿美元,增长了95倍!华为证明了监督同样产"粮食",内控即成本,也能产出大效益。

很多老板一听说要做内控,就觉得是要花钱增加流程,搞复杂工程。建设内控是要花钱,但目的是更好地管理。只要内控做得好,就能帮助企业查漏补缺,提高企业经营效率和效益。

4. 情绪化:出了问题就搞"运动",不出问题就"视而不管"。

内蒙古有个老板,经营企业8年,一直都用两套账,交易不论公私都走个人账。后来，被别人举报了，税务局到企业把所有的账务和银行流水都拿走了。这个老板没办法，连夜找到金财，要求三天内赶紧派老师协助解决这个问题。企业都走到这个地步了，老板才想起来变革，就相当于病入膏肓了，才想起来吃药，还有用吗？

5.碎片化：没有系统性，制度一大堆，条款满天飞，相互起冲突。

某公司的财务人员和老板说，有笔银行贷款到期了，公司没钱还。老板问财务人员怎么回事，财务人员说采购人员付款太多；老板叫来采购人员，采购人员说销售量增加，客户要货急，要求提前备货；老板再叫来销售人员一问，销售人员说今年任务重，要开发新客户，全是先发货后付款。

表面上看，这几个部门都有错，他们各自为政，严重缺乏沟通和交流，如果各方都能多问几个"为什么"，可能就不会发生还不上贷款的事了。但问题的根还是在于公司制度流程的不规范，公司没有制定制度约束各部门的业务活动，没有设置流程引导各部门的执行对接。这就像开车上新路，但是没有导航，不走错才怪。管理是系统工程，有逻辑、有层次、有衔接，不是瞎拼积木。

6.理想化：以为内控包治百病，过度依赖。

小孩感冒了，看过医生、吃过药以后治好了，但这能保证小孩以后就永远不会再感冒了吗？做内控也一样。再好的系统，都不能一劳永逸，要随着发展不断更新迭代。所以，一次性就做大而全的内控，反而可能是资源的浪费。

金财的某个学员家里是家族式企业，公司里上上下下都是跟老板沾亲带故的人。老板想改善现状，又不好自己出面，就找金财做内控。对于这种企业来说，无内控是骑摩托，速度快但经营风险高；有内控是开房车，虽然不能保证绝对安全，但经营风险至少降低80%！

二、建立内控体系的三大作用

民营企业最朴素的内控就是"老板娘当出纳,老岳父看大门,小舅子管采购"。老板把自己信得过的人,安插在关键岗位上,目的就是防止"跑冒滴漏"。即使出现舞弊,肉也是烂在锅里。但实际情况可能是,到最后锅都不是老板自己的。对企业来说,建立一套完善的内控体系,堵住漏洞只是基础,其更大的作用是帮助企业做合规、促经营。

1.反舞弊。

健全的内控体系可以避免员工产生贪污、舞弊、职务侵占、公款私存、胡乱报销或追求短期利益等行为。有人曾提出一个企业的舞弊三角模型(见图0-1),构成三个角的要素分别为压力、机会和借口,当三个角有一个足够强大时,即使另外两个较弱,也有可能导致舞弊。

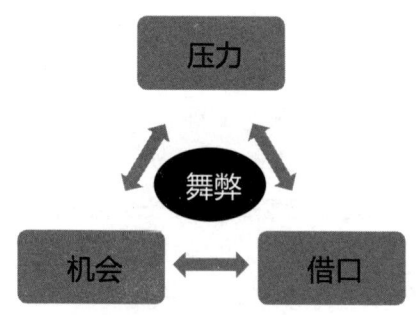

图0-1 企业的舞弊三角模型

2.做合规。

如果企业想上市,内控基础直接决定了企业提报上市材料的进程,有些基础薄弱的企业正是因为当下会计年度资料达不到上市要求,不得不推迟上市。如果企业缺钱,想从外部融资,风投最看重的就是企业是否合规。如果老板想把企业卖掉,一个偷税漏税、违规经营的企业和一个合法经营、内控健全的企业，哪一个更值钱？另外，建立内控也是企业高管自我保护的一种方式，内控失效导致高管被抓入狱的案例数不胜数，如雷士照明创始人吴长江就是因为挪用资金、职务侵占被判处有期徒刑10年。所以说，无论是从公司发展要求，还是从创始人、高管的利益和安全考虑，通过内控把企业做合规都是一件势在必行的事情。

3.促经营。

理顺流程，完善制度与内控，让企业赚钱更稳、更多、更快。

建设内控，就是增强企业管理的确定性。1997年，华为花费20亿元咨询费请IBM做流程咨询，为后来业绩的高速增长打下了基础。对于请IBM做咨询的价值，任正非是这么说的："我们只有认真向这些大公司学习，才会使自己少走弯路，少交学费。"流程和内控建设带来的确定性，既结束了华为管理上的混乱与无序，又为其进军国际市场奠定了组织基础和文化基础。

三、更适合民企的精益内控体系

精益内控体系（见图0-2）适合民企，针对性强、成本低、

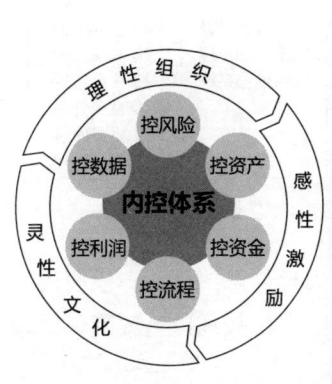

财务内控，三点着眼
控利润——利润要高
控风险——风险要低
控资金——资金既要安全，也要周转快

业务内控，三处落脚
控流程——流程要顺畅，高效率、低内耗
控数据——数据用得好，赚钱机会可不少
控资产——既要守住资产，更要用周转资产来赚钱

老板内控，三轮驱动
控组织——组织严密、权利明晰、责任到位
控激励——激发团队活力、建立自驱系统
控文化——沉淀企业文化，老板有梦想、团队有灵魂、企业有统一价值观

图0-2　3×3精益内控体系

易落地、重效果、轻形式。该精益内控体系以3×3的形式呈现,包含老板内控、业务内控、财务内控,通过老板驱动,实现业财融合。

精益内控体系,可以总结为1个中心、3字真经、9大维度和32个关键控制点。

1个中心:护航企业战略实现。

3字真经:密,严丝合缝;顺,行云流水;活,激情飞扬。

9大维度:组织、激励、文化、利润、风险、资金、资产、数据、流程。

32个关键控制点:9大维度又可展开成32个关键控制点,如图0-3所示。

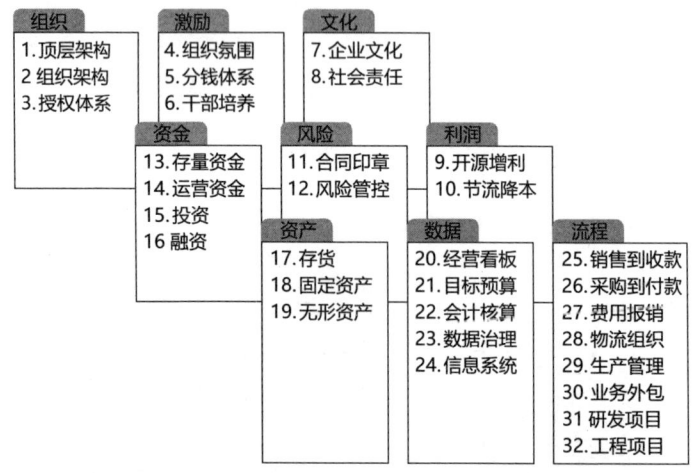

图0-3 精益内控体系9大维度和32个关键控制点

若企业有内审部门,由其负责内控体系的建设;没有内审部门,就由财务部门负责;若财务部门比较弱,行政部门比较强,就让行政部门负责。

如果企业存在严重的内控问题,一般不适合直接立项后就马上展开行动，而是要相对温和、低调地从关键处入手采集证据，再通过正式的内控实施程序来达成目的。企业如果虽然在各方面都存在内控问题，但贪腐现象并不严重，只是想在现有基础上做提升，就可以专门立项。在正式实施内控建设前，企业先要召开"内部控制建设启动会"，向所有管理人员，甚至全体员工明确企业的意图，要求大家积极配合；设立专门的内部建设领导小组和办公室，明确负责人和工作方式，明晰职责与权利。

在建立内控系统时，企业应遵循以下三个原则：

第一，不能为了制定制度而制定制度，而是为了解决内控问题。

第二，不能闭门造车，问题和方案必须来自业务一线，并与相关部门共同讨论。

第三，不能一开始就求全责备，要循序渐进，遵循从最关键、最重要、最急迫、最容易做得到的部分着手的逻辑。

其中，最容易做得到的部分是指需要做深刻理解但实施简单的内控内容，往往放在内控实施规划的开始部分。内控是一项系统工程，涉及相关方面的重大利益和痛点，需要一定时间的磨合和观察，很多问题是通过内控制度的逐步实施慢慢发现和解决的。因此，完善内控一定是从最容易做得到的部分开始实施，比如先做财务部门的各项内控，再逐步向业务部门、生产部门延伸。

通常来说，内控实施的内容与方向来自三个方面：老板的指示、业务部门或岗位人员的反映，以及咨询师和财务总监的专业分析。

咨询师和财务总监应当充分考虑、理解、尊重老板的指示，分析老板的关心点：老板会在真正关心的方面给予重视和大力支持。否则，只会事倍功半，甚至半途而废。在理解老板的指示后，咨询师和财务总监还需要与业务部门的负责人、重要的内控相关岗位人员进行沟通，了解其岗位工作职责、流程、风险发生情况以及内控建议。上听指示、下采建议，而后咨询师和财务总监再结合自己的专业知识和技能，分析企业的实际情况，查漏补缺，经过多次讨论后确定内控实施的内容框架与先后顺序。

完整的内控实施流程，一般是先评测，再梳理流程、做流程图，最后形成制度。一般内控实施会从以下三个落脚点思考：

1. 从制度开始。

如果老板认为实施内控就是围绕制度模板讨论、定稿然后颁布施行，认为一整套制度制定完毕后内控就完成了，那就犯了内控实施的大忌。实际上，制度文件字数繁多，阅读起来难免让人觉得枯燥和难以理解。制定制度时，参与人会陷入逐字逐句的争论中，耗费大量时间和精力；制度制定出来后，又很难落地。从制度开始的问题在于内容多、无重点、缺乏更直观的流程图，直接结果是无人关注制度。但如果企业已经有一定的内控基础，也可以直接从制度开始。

2. 从流程开始。

流程图比文字更聚焦，流程是动作的明确，更容易达成共识。所以，包括内控在内的诸多事务的整理，都会从流程开始，通过流程梳理，明确职责、方法、标准、工具。基于管理方法变革的流程梳理，称为流程再造。基于流程梳理并制作流程图的内控工作，操作性极强，效果良好，是常用的内控实施方法。

3. 从风险点开始。

直接根据既定的框架和问题，以内控评测结合调研访谈的方式梳理出风险点并给出解决方案，也是一种常用方法。需要注意的是，评测并非必需的，但评测所依据的内控关键点是我们在流程梳理时所必须掌握的。

内控的方法很多，我之前也总结过内部控制的七种武器，即不相容职责分离、授权审批控制、财务控制、财产保护控制、预算管控、运营分析、绩效考核控制。大多数企业还在使用这些控制手段，在互联网时代，我们内控的手段其实可以更多，更能起到作用。通过对金财做过的几百个内控咨询案进行梳理，结合跨国公司与世界500强企业的内控实践，我们提炼出了"精益内控的11把刀"，分别为：

第1把刀，职责分离：效率优先，适当牵制。

第2把刀，授权控制：授权明责，解放老板。

第3把刀，额度控制：放小抓大，锁定风险。

第4把刀，人事控制：通过人来控制事。

第5把刀，业务流程化：用流程打通赚钱管道。

第6把刀，管理标准化：搭建企业的"成功天梯"。

第7把刀，工作自动化：用"机器"的可控，弥补人的缺点。

第8把刀，资产保全：看住钱包，守住根本。

第9把刀，计划预算：谋定而后动，以免越忙越穷。

第10把刀，留痕管理：件件有追踪，事事有着落。

第11把刀，经营看板：看到才能做到，都看到才能都做到。

前4把刀，用于"管人"；第5、第6、第7把刀，用于"理事"；第8把刀，用于"控物"；最后3把刀，用于"盯过程"。后面的章节，将详细讲解"精益内控的11把刀"。

四、老板内控：控组织、控激励、控文化

老板内控，包括控组织、控激励、控文化，即老板主要负责公司的组织、激励、文化，时刻总揽全局，激发团队。一字真经就是"活"，组织、激励、文化三轮驱动。老板要分钱、分权、造梦想，耐心打造"活"的企业文化。

1.控组织。

控组织要求老板做到组织严密、权利明晰、责任到位。组织是由人组成的。在相互沟通的基础上，人们达成共识，确立

共同的目标，并做出努力。不同的愿景使命决定不同的战略和业态，决定不同的组织结构和组织能力。内控组织包括顶层架构、组织结构和授权体系。其中，顶层架构包含四个要素：

第一，外部环境。比如，业务规模、市场潜力、业务结构、发展趋势、进入壁垒、盈利能力、产业政策、整合资源、核心资源、关键成功要素等。

第二，愿景、使命、业务目标。比如，组织的存在意义、长期目标、年度目标、产品、服务线等。

第三，公司与业务战略。比如，市场、客户、竞争战略、股东价值驱动等。

第四，内部条件。比如，核心能力、工作单位氛围、变革能力、首次通过质量、设计周期、成本、生产力、员工激励、个人业绩、新产品、流程转变时间等。

组织结构设计有两条路径，即业务流程设计与再造和组织控制机制设计，包括组织目标、功能定位与核心能力确认、公司治理结构与组织架构设计、分权体系、部门职责、岗位职责、人员编制、组织运行机制与协调规则。

2. 控激励。

老板感性激励，激发团队活力，建立自驱系统。控激励包括组织氛围、分钱体系和干部培养。通过薪酬结构设计打造员工自驱力，通过激励机制设计导向为客户创造价值。薪酬结构设计如表 0-1 所示，激励机制设计如表 0-2 所示。

3. 控文化。

老板有梦想、团队有灵魂、企业有统一价值观。控文化主要包括企业文化和社会责任。

企业文化为内控机制注入灵魂，可大致分为以下六个层面：

表 0-1 薪酬结构设计表

薪酬结构	支付报酬动因	实现方式	绑定程度	备注
基本工资	基本生存和安全感	职位评估	利益共同	一般按月定时支付满足日常所需
岗位工资	岗位价值贡献		利益共同	
能力工资	个人能力贡献	任职资格	利益共同	
绩效奖励	业绩成果	业绩奖金	利益共同+事业共同	
普惠性福利	认同感满足感	福利政策	利益共同	参考岗位按价值贡献差异化
非普惠性福利	特殊岗位或价值	特殊福利	利益共同+事业共同	如艰苦地区补贴差异性体检关怀
股权收益激励	价值观趋同长期利益合作归属感	股权期权	事业共同+命运共同	
精神激励	荣誉引导价值观引导精神满足	荣誉成长与学习工作环境	利益共同+事业共同	证书、奖杯通报表扬学习机会……

表 0-2 激励机制设计表

部门		奖金来源	组织KPI
作战单元（冲锋的）	成熟区域	贡献利润+收入	新产品收入、市场份额/竞争对手压制……
	新区域	山头项目+收入	概算利润、重点产品、新区域……
	营销管理部	销售平均奖金+价值系数	项目中标率、概算利润、存货、应收账款……
作战平台（指挥部）	产品研发	贡献利润+收入	新产品收入、产品竞争力、专利布局……
	技术研发	研发平均奖金+价值系数	技术规划、里程碑达成率……
	制造	可控制成本下降	交付及时率、质量、安全……
	采购	采购成本下降	原料库存周转率、原料断货、原料质量……
	物流	物流成本下降	货品安全……
管理平台（搞后勤）	财务	平均奖金+价值系数	人均产出……
	人力	平均奖金+价值系数	关键岗位人才储备……

第一，精神层面，主要包括企业使命及愿景、核心价值观、经营理念、职业意识等。

第二，制度层面，涉及企业经营策略、组织结构与业务流程、管理制度与行为规范等。

第三，行为层面，主要指企业员工的礼仪、行为举止、精神面貌等。

第四，物质层面，包括企业办公环境、统一着装、标语等。

第五，影响文化的因素，主要指领导行为、典礼仪式、制度规范、教育培训、组织氛围等。

第六，文化影响的因素，包括企业产品特色、服务特色、对外形象、内部凝聚力等。

五、业务内控：控资产、控数据、控流程

业务内控，包括控资产、控数据、控流程，即总经理负责抓流程、数据、资产，保持专注的进击状态。一字真经就是"顺"，行云流水，以客户为中心，用最简洁高效的流程为客户创造价值，用最快的速度把钱赚回来。

1.控资产。

盘活资产，既要守住资产，更要用周转资产来赚钱。企业资产包括有形资产和无形资产，比如存货、应收账款、厂房及设备等。

有些民企老板并不重视存货管理，认为其就是收货、发料。殊不知，他的钱包破了一个大洞，辛辛苦苦赚来的血汗钱被大量漏掉。2020年4月，某汽车零部件公司副总经理到仓库巡查时，发现在公司没有全面生产的情况下，每天仍有公司打包组组长程某签字接收的某供应商入库送货单，甚至连休息日都有人送货。公司展开调查后发现，程某以生产需要和便利为由，将送来的原材料直接堆放在车间里，并在送货单上签字后交给

仓管员，仓管员未经核对就直接报给领导签字再送到财务结算。程某利用公司管理的这一漏洞与供应商勾结，数年间骗取公司货款近千万元。

应收账款是放在别人兜里的钱，管理不好不仅会形成坏账，甚至还会造成企业现金流断裂，影响上市。雨中情防水技术集团股份有限公司上市失败，原因之一就是应收账款占营业收入比例过高。该公司应收账款账面价值超 10 亿元，占营业收入的 86.8%。

固定资产守住了、用好了，就是资产；否则，就是成本、损失。某公司花 180 万元购入一条生产线，没用多久就闲置了，有人提出干脆处理掉，但老板舍不得，于是就让人放到仓库的角落。每年财务盘点固定资产，这条生产线都在。等老板再想起这条生产线时，发现这条生产线只剩下壳子和架子，180 万元就这样变成了几百斤废铁。

2. 控数据。

数据用得好，赚钱机会可不少。控数据包括经营看板、目标预算、会计核算、数据治理和信息系统。企业里有大量高价值的数据资产，包括客户数据、技术数据、供应商数据、管理数据、系统数据、媒体数据等。客户数据包括客户详细资料、客户信用评估、客户销售数据、客户往来信息等。技术数据包括物料清单（BOM）、配方工艺、技术图纸、研发数据等。供应商数据包括供应商资料、采购清单与价格等。管理数据包括计划、方针、制度、流程、表单、记录等。系统数据包括ERP数据、财务数据等。媒体数据包括公众号等自媒体账号。

召开经营分析会是控数据的重要手段，利用数据护航战略落地。经营分析会聚焦目标、聚焦问题、聚焦机会。经营分析会的主要任务是 4 "ding"：定任务，做好会前动员和准备；定人员，精选参会人员；盯过程，高效的会议议程和任务指令；盯行动，会后盯执行。

3. 控流程。

理顺流程，流程要顺畅，高效率、低内耗。企业流程建设，以为客户创造价值和为自己赚到收入、利润、现金流为目标。企业的流程创造客户的价值，客户的价值换回业务的成果，业务的成果定义企业的流程。客户关注的四大价值：多，数量足；快，便捷方便；好，高品质；省，低价格。聚焦客户价值，理顺五个层级的流程体系，打通财富流入管道。

第一层，流程类。老板层，理清公司业务框架，盯住关键链条和关键职能。

第二层，流程组。高管层，打通价值创造链条，抓住关键控制节点，盯住具体业务流程。

第三层，具体流程。经理层，优化具体业务流程，盯住岗位标准操作规程。

第四层，标准操作规程。员工层，精进岗位标准操作规程（SOP），高效输出高质量结果。

第五层，软件固化流程。IT层，固化业务流程，沉淀数据资产。

下级流程是上级流程的分解，支撑上级流程的落地。企业的流程框架一般包括从销售到收款流程、从采购到付款流程、费用报销流程、物流组织流程、生产管理流程、业务外包流程、研发项目流程、工程项目流程等。流程优化方法有SIPOC、ASME、ECRS等。

六、财务内控：控利润、控风险、控资金

财务内控，包括控利润、控风险、控资金，即财务总监负责盯利润、风险、资金，保持细致的防守状态。一字真经是"密"，严丝合缝，管控严密，防跑冒滴漏、防竹篮打水。网织得够密，才能捞到鱼。

1. 控利润。

利润要高，开源增利，节流降本。主要包括利用波士顿矩阵（四象限法）管理产品组合、客户组合、业务团队，大成本管理，制造成本（材料成本、人工成本）管控以及费用资源投入管控等。图 0-4 为波士顿矩阵。

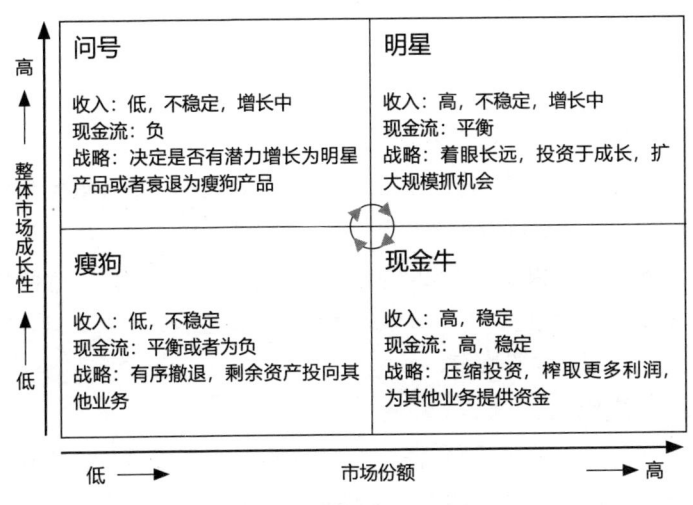

图 0-4　波士顿矩阵

通过四象限法分析，掌握产品结构的现状及预测未来市场的变化，才能合理分配资源。在产品结构调整中，企业的经营者不是在产品进入"瘦狗"阶段才考虑如何撤退，而应在"现金牛"阶段就考虑如何使产品造成的损失最小而收益最大。

企业在实施大成本管理时，可以从以下八个角度出发：

第一，流程成本管理。通过流程梳理、IT 固化，减少人为因素导致的决策失误、管理失控、效率低下、设备空转、人员空置、交期延误和客户索赔等问题。

第二，库存成本管理。不周转的库存不是资产，是损失。通过供应链规划、流程梳理，降低库存成本。

第三，采购成本管理。通过有规划的采购和加快流程降成本；通过供应商体系优化降成本；通过按计划排款，赢得客户信任降成本。

第四，时间成本管理。时间成本＝机会成本＋资本成本，更短的产品开发时间和生产经营反应时间＝更快的反应速度。

第五，客户成本管理。对客户进行价值分析，分类、选择客户。

第六，定制成本管理。理解客户真正的需求，只支持对客户有价值、能给公司带来回报的个性化定制。

第七，创新成本管理。进行有组织的创新，把握好创新成本和机会成本之间的平衡。

第八，决策成本管理。分析数据，掌握规律。通过战略预算系统、ERP软件将高层计划转换为各种低层级的详细计划，打通战略计划与战略执行。

2.控风险。

风险管控的主要思路有：COSO全面风险管理框架、舞弊三角模型、嵌入业务中的风险管控措施。风险控制贯穿战略、绩效和价值提升。

第一，治理与文化。加强董事会对风险的监督，建立运营结构，定义期望的组织文化，展现对核心价值的承诺，吸引、开发并留住优秀个体。

第二，战略与目标设定。分析业务环境，定义风险偏好，评估可供选择的战略，形成业务目标。

第三，绩效。识别风险并评估其严重程度，区分风险的优先次序，反映执行风险，制作风险矩阵图。

第四，审阅与修订。评估重大风险，审阅风险与绩效，持续提升企业的风险管理。

第五，信息、沟通与报告。升级信息系统，沟通风险信息，对风险、文化和绩效进行报告。

通常，企业应对风险有以下四种策略：

第一，接受（Accept）。在经过风险评估之后，如果企业决定承受潜在风险，或许不会采取任何措施来降低风险，但可能仍然会制订应急计划。

第二，避免（Avoid）。停止和避免任何可能导致风险的活动。

第三，缓解（Mitigate）。采用预防措施来降低已识别风险发生的概率和影响。比如，通过完善设计、优化流程和员工培训等措施来降低风险发生的概率、减少损失。

第四，转移（Transfer）。一个企业向另一个企业转移部分风险或与其分担部分风险。比如，将制造部门或客户服务部门外包给第三方。

3.控资金。

资金既要安全，也要周转快。控资金主要包括资金安全管理、资金运营管理、投资管理与融资管理。图0-5为资金管控战略价值创造/增长率矩阵。

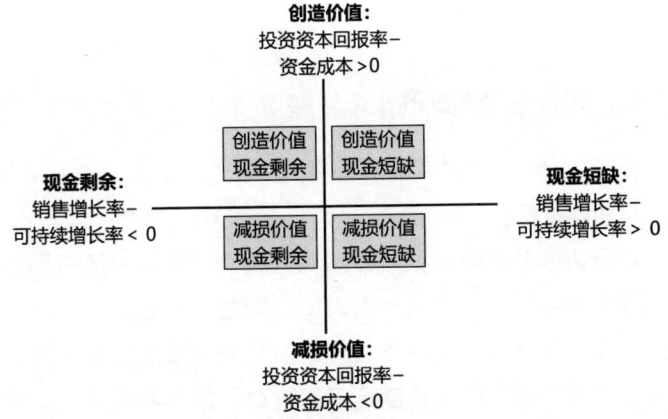

图0-5 资金管控战略价值创造/增长率矩阵

第一象限，创造价值，现金短缺。判断高速增长是暂时性的还是长期性的。如果是暂时性的，可通过借款来筹集所需资金。如果是长期性的，则有两种解决途径：第一，提高可持续增长率，包括提高经营效率和改变财务政策；第二，增加权益资本，提供所需资金。

第二象限，创造价值，现金剩余。首选的战略是利用剩余现金加速增长，途径有内部投资、收购相关业务。如果加速增长之后仍有现金剩余，找不到进一步投资的机会，则应把多余的钱还给股东。途径有增加股利支付、回购股份。

第三象限，减损价值，现金剩余。首选的战略是提高投资资本回报率，比如提高税后经营利润率、提高资产周转率等。在提高投资资本回报率的同时，如果负债比率不当，可以适度调整，以降低平均资本成本。如果企业不能提高投资资本回报率或者降低资本成本，则应该将企业出售。

第四象限，减损价值，现金短缺。如果盈利能力低是本公司独有的问题，并且觉得有能力扭转价值减损局面，则可以选择"彻底重组"；否则，应该选择出售。如果盈利能力低是整个行业的衰退引起的，则应该选择的财务战略是"尽快出售"以减少损失。

七、内控落地实施的十个步骤

一般来说，内控的实施要遵循以下十个步骤：

1. 资料采集。

调研访谈前，要根据具体情况从调研访谈部门或相关管理部门取得组织架构、岗位设置、岗位职责、作业流程与标准的资料，以及生产统计、现场管理、质量管理等的报告，先进行分析，明确调研方向，再制定问题清单，从而有的放矢地采取措施提高效率。

2. 调研访谈。

现场观察岗位和业务流程，查看岗位工作指引，询问和观察操作是否符合作业指引，记录发现的问题和对方反映的问题（同岗不同人，同岗位必须询问 2~3 人）。

3. 分析。

分析反映、发现的问题是否属实；要做横向（同岗不同人）、前后（工艺前后程序分析）比较和常理分析（数据分析）。

4. 验证。

找当事人、主管、文件、资料验证。

5. 风险确认。

通过微信、语音、邮件等方式由当事人做书面确认，不能停留在口头的、无证据的确认。

6. 讨论。

组织人、参与人（老板、部门负责人、具体岗位当事人）共同开会讨论，形成会议纪要并签字确认。反复开会讨论，直到得出满意的方案。

7. 方案规划。

细化实施细则，明确责任人、监督人及报告方式、完成时限、奖罚等内容。

8. 审批下达。

方案必须经过总经理审批才能下达实施，避免师出无名。内控改善涉及较多人和事，涉及较多利益方，必须得到公司层面高度重视和绝对支持才能进行真正、有效的落实。

9. 执行管控。

财务定期公布进度，坚持召开周会（上周、本周、下周）；可以把周例会会议纪要发到企业管理大群或公司管理团队总群。

10. 优化调整。

对于执行效果好的，整理、补充后，以正式行文的方式公布实施，即固化为制度。对于有待优化的，要整理出问题点，明确原因和责任，进入下一个PDCA改善循环。

内控实施最好始于风险点而不是制度，从风险点开始最容易落地，各方也容易达成一致意见，不至于陷入费时费力却效果不佳的对制度逐字逐句的讨论中。针对风险点提出解决方案，在形成通知和制度后，绘制流程图或示意图。

以上方法来自内控实施实践，可能与书本、教程以及其他公司、团队的内控实施方案不尽相同，甚至差异巨大，实属正常。只有在明了根本逻辑与框架、方法后，根据每个企业的实际情况做出的定制化方案，才是最合理、最可能落地和有实效的，如果只是按照某一套"模板"来做内控建设，往往只是得到一套内控制度，却无多大实际效果。

如果以上内容在实际操作中出现问题，最好的处理方法是保持充分的沟通和讨论，只有在相互的磨合中，才能更加匹配，才能螺旋上升，才能达成目标。民企在经营过程中可能会遇到各种风险，这些风险可以通过完善的内控体系规避或解决，但老板在进行内控体系的建设时往往会陷入误区，给企业带来新的问题。而且，每个企业的实际情况都存在差异，只有根据实际情况进行个性化定制，才能做出最合理、最可能落地和有实效的内控方案。

出于这种情况，我们设计出了专门针对民营企业的，成本低、易落地的精益内控体系，并分解成11把内控"绝杀刀"，为各位老板提供管人、理事、控物、盯过程等方面的指导。因此，我在每一把刀后都留下了供各位读者思考的问题。你也可以通过关注公众号：金财学社，积极与我联系，与我分享你的疑惑与思考。同时，我也会将本书中的实用工具和流程表格一起打包分享。你可以根据自己企业的实际情况，挑选其中最适合自己的，以促成内控制度的落地和有效实施。

第1把刀

职责分离：
效率优先，适当牵制

做到既牵制又高效的两大要点

我请大家思考一个问题：为什么明朝皇帝朱元璋不设宰相，只设六部？

第一，加强中央集权。作为百官之首，宰相可以帮助皇帝处理经济、军事、行政等方面的事务。宰相与皇帝同心，皇帝便可通过宰相将国家掌握在自己手中；倘若宰相产生异心，就会对皇权产生严重威胁。朱元璋废除宰相制度，直接统领六部，亲自处理国家政务。

第二，职责分离，形成牵制。六部互相独立、互相制约，共同为皇帝一人效力。这样，皇帝就不会被架空，将权力牢牢掌握在自己手中。

职责分离是企业各业务部门及业务操作人员之间责任和权限的相互分离机制。也就是说，业务活动的核准、记录、经办及财物的保管等工作环节应当相互独立，分别由专人负责，即使不能完全分离，也必须通过其他适当的手段控制弥补。应当严格分离的职责包括现金、有价证券和重要空白凭证的保管与账务处理，贷款的审查与核准发放，会计与出纳，印鉴管理与密押管理，资金交易业务的前台交易与后台结算以及损失的确认和核销等。

职责分离有两个要点：一是确定不相容职责；二是牵制。不相容职责就是一个人担负容易出现舞弊等问题的两项或多项职责。安排不同的人担负不相容的职责，就可以形成牵制。比如，管钱的不能管账，管物的不能管账；采购和仓管不能是同一人。

如果没有职责分离，容易出现什么问题？

问题1：员工既负责采购也负责仓管，把回扣放进自己的口袋，烂材料留在公司的仓库里。

山东某化工企业只有一个采购员。由于公司采购品种繁多，时间长了，这个采购员和供应商的关系越发亲近，两人便合谋收取回扣。采购员将供应商实际卖给企业的丁烷记录为橡胶水，从中获得每公斤5元的回扣。被发现时，这个采购员已从中获利近百万元，那些材料最后也只能留在公司的仓库里。

如果采购岗位的下单工作由生产计划员来负责，最后跟进货品入库的是仓管员，谈价、下单、入库分别由三个人负责，互相制衡和牵制，就可以在很大程度上避免这种情况的发生。

问题2：出纳既管钱又做账，把公司的钱挪入自己的口袋。

广东某公司财务在担任公司出纳期间多次伪造银行对账单，先后挪用公司资金1670万元，至案发前，还有317万元去向不明。

这317万元的损失最后由谁来承担？公司承担。如果出纳只负责制单，财务经理负责复核，会计负责做账，出纳与财务经理、出纳与会计都形成牵制，就可以避免或减少此类事件的发生。

问题3：销售什么都管，把公司的客户管成了自己的客户。

江苏某工程公司的业务经理李某工作能力强，自己能拿单，还能自己找人做工程。最近他找到老板，要求绩效提成上涨30%，老板听后非常生气。双方没有谈妥，不欢而散。不久，李某提出离职，并将手里的客户和业务全都带到了竞争对手公司。

如果老板让业务部门去拿单，工程部门负责交付，两个部门相互制衡和牵制，也许就可以避免这种情况的发生。

但是，牵制是否意味着需要层层加码？不一定。我们来看一个案例。

金财一个西安的客户生意做得很大,旗下有30多家公司。一开始,这个客户对业务人员不放心,就让财务人员监督业务人员。后来,他对财务人员也不放心,就又增加了一个内审岗。结果,只是发放一张工资表,就需要包括内审在内的8个人签字,耗时又费力。客户找到金财咨询,咨询老师帮着梳理优化流程,由人力专员负责核算工资,财务人员负责复核,最后老板签批后发放,只需要保留3个人签字就完全能够达到管控的目的。

职责分离,不是简单地把一件事安排给两个人或几个人做。职责分离必然会形成分工,但仅仅是分工不等于做到了职责分离。设计好的职责分离制度,可以实现高效的牵制。

不相容职责分离模型及步骤

企业里有哪些不相容职责？我们可以通过不相容职责分离模型（见表1-1）进行判断。

表1-1 不相容职责分离模型

	授权批准	业务经办	财产保管	业务记录	审核监控
授权批准	—	×			
业务经办	×	—	×	×	×
财产保管		×	—	×	
业务记录		×	×	—	×
审核监控		×		×	—

通常来说，企业里的职责可以简单归为五类：授权批准、业务经办、财产保管、业务记录和审核监控。图1-1为不相容职责分离示意图，其中有箭头相连的，都是不相容职责，需要分离。

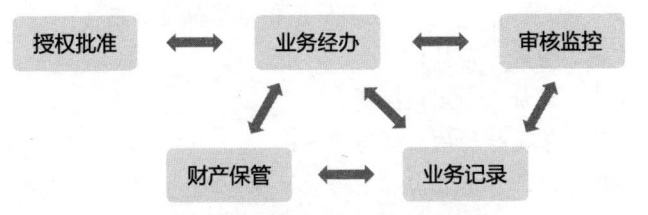

图1-1 不相容职责分离示意图

表 1-1 中打"×"表示为不相容职责,需要分离。比如,业务经办(采购)与财产保管(仓管)、业务记录(会计)与财产保管(出纳)、业务经办(采购)与审核监控(品控)等,都是在岗位层面需要分离的不相容职责。

此外,公司的各个层面也需要做到职责分离:老板层面,事业部(业务板块)负责人与集团品牌(平台资源)负责人;高管层面,分管供应链的副总与分管品质的副总;部门层面,财务部与采购部。系统层面还需要考虑这点吗?其实不用,因为在设置系统时,已经实现了不相容职责牵制。

讲到这里,可能有人会有疑问:如果从岗位层到老板层都严格实现职责分离,那不仅效率会打折扣,成本也会增加!这里有一个小技巧,如果公司下一级不相容职责分离得很好,就可以对上一层级的职责分离降低要求。我总结了公司各业务部门应设置的不相容岗位,大家可以做个参考。

各业务部门应设置的不相容岗位

一、货币资金业务的不相容岗位至少应当包括:

(一)货币资金支付的审批与执行;

(二)货币资金的保管与盘点清查;

(三)货币资金的会计记录与审查监督。

注:出纳人员不得兼任稽核、会计档案保管和收入、支出、费用、债权债务账目的登记工作。

二、企业采购与付款业务的不相容岗位至少包括:

(一)请购与审批;

(二)询价与确定供应商;

(三)采购合同的订立与审核;

(四)采购、验收与相关会计记录;

(五)付款的申请、审批与执行。

三、存货业务不相容岗位至少包括：
（一）存货的请购与审批、审批与执行；
（二）存货的采购与验收、付款；
（三）存货的保管与相关会计记录；
（四）存货发出的申请与审批、申请与会计记录；
（五）存货处置的申请与审批、申请与会计记录。
四、对外投资不相容岗位至少应当包括：
（一）对外投资项目的可行性研究与评估；
（二）对外投资的决策与执行；
（三）对外投资处置的审批与执行；
（四）对外投资绩效评估与执行。
五、工程项目业务不相容岗位一般包括：
（一）项目建议、可行性研究与项目决策；
（二）概预算编制与审核；
（三）项目决策与项目实施；
（四）项目实施与价款支付；
（五）项目实施与项目验收。

确定好不相容职责后，老板就可以通过以下五个步骤对其进行梳理，确定职责分离的方案：

第一步，识别业务流程。最简单的方法就是对一单真实发生的业务的流程进行复盘，从而界定流程的始端、末端与涉及的部门、岗位、信息传递路径，并画出流程图。如果企业没有流程，就需要根据战略来设计。我会在业务流程化这一章里详细讲解SIPOC、ASME、ECRS三个工具。

第二步，识别流程中的职责。明确流程中的每个职责属于"职责五类"中的哪一类。

第三步，列出不相容职责。表1-2是我们某个客户做的采购环节的不相容职责分析，供大家参考。其中，实心圆代表基

表1-2 采购环节的不相容职责分析

上级职责	职责类别	基本职责	请购-编制请购单(业务经办)	请购-审批请购单(授权批准)	询价-供应商询价(业务经办)	询价-供应商数据库管理(业务经办)	询价-询价审批(授权批准)	签订合同-订立合同(业务经办)	签订合同-审批合同(授权批准)	验收-验收(业务经办)	验收-财产保管(财产保管)	付款-采购付款(业务经办)	付款-批准采购付款(授权批准)	付款-记录应付款(业务经办)	付款-应付款对账(审核监控)
请购	业务经办	编制请购单		●											
	授权批准	审批请购单	●												
询价	业务经办	供应商询价				●	●								
	业务经办	供应商数据库管理			●										
	授权批准	询价审批			●										
签订合同	业务经办	订立合同							●						
	授权批准	审批合同						○							
验收	财产保管	验收	○								○				
付款	业务经办	采购付款											●		
	授权批准	批准采购付款										●			
	业务经办	记录应付款										●			●
	审核监控	应付款对账										●		●	

老板财务内控12把刀

础流程的职责分离，空心圆代表上级流程的职责分离。

第四步，制定方案。 根据第三步所做表格，结合风险等级、可行性、成本等因素综合考虑，制定方案，并使用头脑风暴法进行优化。

方案一：职责分离程度很高，需要 8 名员工，风险低，但执行成本较高。

方案二：职责分离的程度不高，存在一定风险，但执行成本低。请购单编制与审批等环节都在基本流程中进行了职责分离，对于付款环节中最核心的批准付款也进行了分离。但由于基础流程中供应商询价与数据库管理没有分离，付款环节的应付款记录与对账没有分离，上一级流程除验收外均未分离，所以存在一定的风险。

方案三：折中方案。既分离了风险较大的岗位，又提升了岗位专业化程度，并且没有陷入"为了分离而分离"的误区。

第五步，执行方案，并跟踪优化。 俗话说"有方案没执行，一切等于零；有执行没跟踪，竹篮打水一场空"。只有执行方案，并在执行过程中不断对其进行优化，以上五个步骤才能形成闭环，确保方案高效落地。

如果条件有限制，企业不相容职责分离得不够彻底，怎么办？有两种方法：第一，创造条件，比如员工数量少就招新人，不想招新人，就上软件；第二，增加补偿控制措施，比如增加对账、盘点、抽查、突击检查等环节。

采购与付款分离的五个要点

有这么一个经典的故事：某公司开发供应链系统时，软件人员问老板有什么要求。老板说别的没什么，就是采购这一块要控制住，让采购员拿到他应得的回扣，多了不能拿。"应得的回扣"，你看，人家老板多想得开。

实际上，在采购、验收、付款等环节，部门串通舞弊或吃回扣的现象屡见不鲜。

比如，某公司的采购员除了负责定供应商、签合同，还兼职质检入库。仅一年的时间，该公司的平均采购价格就超出合理水平的20%，保守估计损失超10亿元。后经调查发现，该采购员通过以次充好等手段，从中牟利800多万元。除此之外，应付账款的对账、记账未分离，也会导致采购资金占用大、资金利用效率低等问题。

该公司会发生这种事情，一是因为员工职业道德败坏；二是因为公司未做好职责分离，给了员工做坏事的机会。更可怕的是，虫子吃苹果，坏掉的不只是被啃下去的一块，损失的是一整个苹果。这些情况看似"人之常情"，老板却不能不管，不然最后损害的一定是公司的利益。

那么，如何实现采购到付款环节的职责分离？

我们以A公司为例，依照不相容职责分离五步骤，对采购到付款环节的不相容职责进行分离。当然，不同的行业、不同的企业、不同的战略，流程都不同，但职责分离的思路基本上是一致的：首先分离基本流程中的不相容职责。如果不能彻底分离，或者仍存在风险，再进一步对上级流程中的不相容职责进行职责分离。

第一步，识别业务流程。

A公司采购到付款基本流程为：编制请购单→审批请购单→供应商询价→供应商数据库管理→询价审批→订立合同→审批合同→验收→采购付款→批准采购付款→记录应付款→应付款对账。

A公司对应的上级流程为：请购→询价→签订合同→验收→付款。

第二步，识别流程中的五类职责。在基本流程中，审批请购单、询价审批、审批合同和批准采购付款属于授权批准；编制请购单、供应商询价、订立合同和采购付款属于业务经办；应付款对账属于审核监控；验收属于财产保管；供应商数据库管理和记录应付款属于业务记录。而在上级流程中，请购、询价和签订合同属于业务经办，验收属于财产保管，付款属于授权批准。

第三步，列出基本流程的不相容职责。基本流程不相容职责如图1-2所示。比如，供应商询价与供应商数据库管理、采购付款与批准采购付款等环节都要分开。

编制请购单	✕	审批请购单		采购付款	✕	批准采购付款
供应商询价	✕	供应商数据库管理		采购付款	✕	记录应付款
供应商询价	✕	询价审批		采购付款	✕	应付款对账
订立合同	✕	审批合同		记录应付款	✕	应付款对账

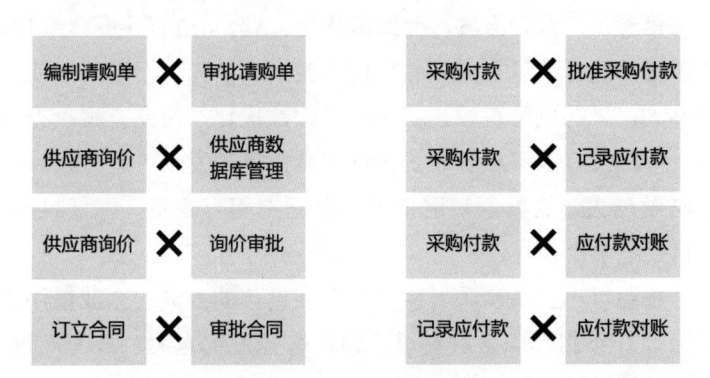

图1-2 基本流程不相容职责

上一级流程也重复同样的操作。需要注意的是，付款属于授权批准；请购、签订、合同询价都属于业务经办；验收属于财产保管。因此，上一级流程的不相容职责为：请购与验收、询价与付款、订立合同与验收。

完成了第二步和第三步，基本流程和上级流程中的不相容职责就都梳理出来了。

第四步，制定方案。我们从用人多少的角度出发，可以制定三种方案。

方案一：职责分离程度很高，需要8名员工，执行成本较高。但是请购、询价和合同签订的执行与批准都是由员工1、员工3两人负责，存在串通舞弊风险。

方案二：职责分离的程度不高，存在风险，但执行成本低。请购、询价、签订合同、验收等环节都在基本流程中进行了职责分离，对于付款环节中最核心的批准付款也进行了分离。但由于基础流程中供应商询价与数据库管理没有分离，付款环节的付款执行、记录与对账没有分离，上一级流程除验收外均未分离，所以存在一定的风险。

方案三：折中方案。既分离了风险较大的岗位，又提升了岗位专业化程度，并且没有陷入"为了分离而分离"的误区。

第五步，执行方案，并跟踪优化。A公司进行头脑风暴后，老板最终选择了执行成本较低的方案二。因为公司现阶段业务量不大，采购风险可控，并做好了跟踪优化，因此方案执行情况良好，没有因不相容职责造成不良问题的发生。就算以后公司越做越大，老板也知道该怎么分离不相容职责，降低风险，给自己吃个定心丸。

按照以上五个步骤，使用好我们设计的工具，企业很快就能梳理好不相容职责，集思广益，选择最优方案，从而高效、合算地做好职责分离。

费用与报销分离的五个流程

为什么很多公司都把费用报销的流程做得那么复杂？因为琐碎的费用常常会反映企业的成本控制习惯，如果不对费用管理进行控制，很可能出现员工舞弊、公司风气变坏等问题。

某公司的财务部只有三个员工：一个财务经理做报表，一个会计做账报税，一个出纳兼管报销。刚开始，公司的业务较少，财务部的工作量也不大，出纳根据报销单据付款，会计做账。随着公司业绩越来越好，需要报销的量和金额越来越大，三个员工的工作量也随之增多，出纳就开始兼职做账。见自己需要做的工作越来越多，但工资一分不涨，出纳心中开始不平衡，逐渐动起了歪心思：自己是出纳，既审报销，又要做账，这就有了可乘之机。于是她开始伪造单据"做"报销。一开始，她的胆子小，只是报销三五百元试试水。后来她见没有人发现，胆子也越来越大，甚至伙同自己要好的业务员一起侵吞公司财产。被发现时，两人已经串通报销了100多万元。

费用报销本来是一件很简单的事，但是一部分公司往往将流程做得很复杂。用好职责分离这把刀，不仅能达到管控要求，还能简化流程。那么，该如何做好费用与报销不相容职责的分离？

前面我们讲到，采购与付款职责分离的基本思路是找出基本流程中的不相容职责，进行职责分离。如果仍存在风险，再对上级流程中的不相容职责进行进一步的职责分离。费用与报销流程较简洁，做好基本流程的不相容职责分离已经能有效控制风险了。我们以A公司的费用与报销流程为例进行讲解。

第一步，识别费用与报销流程。 公司有报销流程，就梳理流程；没有报销流程，就设计流程。A公司的费用与报销流程为：报销申请→部门审核→财务/副总/总经理审批→做账→支付→U盾审核。

第二步，识别流程中的职责分类。 比如，报销申请属于业务经办，部门审核属于审核监控，财务/副总/总经理审批属于授权审批。

第三步，根据不相容职责分离原则，列出基本流程的不相容职责。

我们把基本职责和类别进行纵向和横向内容填列，根据不相容职责模型，会有9组不相容职责，如表1-3标示的①~⑨。

表1-3 基本职责中的不相容职责

上级职责		报销申请	部门审核	财务/副总/总经理审批	做账	支付	U盾审核
职责类别 基本职责	职责类别	业务经办	审核监控	授权批准	业务记录	业务经办	授权批准
报销申请	业务经办		●①	●②	●③		●④
部门审核	审核监控	●			●⑤	●⑥	
财务/副总/总经理审批	授权批准	●			●⑦		
做账	业务记录	●	●			●⑧	
支付	业务经办		●	●			●⑨
U盾审核	授权批准	●			●		

其中，①代表报销申请与部门审核，属于业务经办与审核监控不相容；②代表报销申请与财务/副总/总经理审批，属于业务经办与授权批准不相容；③代表报销申请与做账，属于业务经办与业务记录不相容；④代表报销申请与U盾审核，属于业务经办与授权批准不相容；⑤代表部门审核与做账，属于审核监控与业务记录不相容；⑥代表部门审核与支付，属于审核监控与业务

经办不相容；⑦代表财务/副总/总经理审批与支付，属于授权批准和业务经办不相容；⑧代表做账与支付，属于业务记录与业务经办不相容；⑨代表支付与U盾审核，属于业务经办与授权批准不相容。

第四步，制定方案。 A公司从风险、成本、可行性三个角度进行综合分析，做出了三套方案。

方案一：将所有流程涉及的不相容职责进行分离，风险最低，但成本也最高，影响执行效率。

方案二：把费用报销的两个核心审批环节进行不相容职责分离，其他环节未作要求。这个方案存在一定风险，但操作简单，执行成本低，易于落实。

方案三：折中方案。在方案一和方案二的基础上，既分离风险较大的岗位，如经办、审核和审批，又兼顾效率，没有陷入职责过度分离的误区。

A公司在以上分析的基础上，针对三个方案进行头脑风暴，最后选择了方案三。通过对不相容职责的分离，公司不仅找到了目前经营存在的风险点，还找到了向上进阶的方向。

第五步，执行并跟踪优化。 A公司选定方案三后，就开始依照方案重新梳理报销的流程，并落地执行。企业的环境是不断变化的，要在执行中跟踪落地情况，定期反馈和分析，再对方案进行必要的优化调整。

销售与收款分离的五个步骤

2020年,某口罩工厂的销售员小王以单价1.5元/个卖给某客户100万个口罩,通过个人卡收款150万元,自行扣除50万元提成后把剩余款项打给公司。事后,客户以"质量问题"退货,取消了这个订单,公司需要退全款给客户,但是被小王扣除的50万元提成已经追不回来了。

这就是销售与收款职责不分离导致的舞弊现象。除此之外,做不好分离还会导致互相扯皮、影响发货、应收账款成为坏账等恶劣现象的产生。比如,负责审批发货申请和实际发货的是同一个人,那么当货源比较紧张、客户都很着急时,他可能就不会按照审批的优先级顺序发货,而是优先给与自己关系好的客户发货。比如,负责谈合同与审批合同的是同一人,那么他可能会为了个人利益或与自己关系好的客户的利益,忽视公司风险,同意"售完后付款"或"×个月以后付款"等不合理条款。再如,负责客户的信用额度申请与信用审批是同一人,那么他可能会为了业绩,给信用差的客户增加额度,给信用好的客户长账期。没有另一个人监督把控,最后的坏账风险只能由公司买单。

以上问题经常会出现在从销售到收款的任一环节,如果做好了职责分离,就会规避这些风险。具体怎么分离呢?首先梳理出所有不相容职责,其次制定职责分离方案,最后执行跟踪优化。

第一步,识别销售与收款流程。不同的行业、不同的企业,销售与收款的流程都不同，图 1-3 为某公司销售与收款流程。

```
收到客户订单 → 批准信用期限和额度 → 批准特殊价格 → 发出订单确认书 → 批准发货
                                                                        ↓
准备发货文件 → 发货 → 开出发票 → 复核发票内容 → 复核发票张数
    ↓
应收账款记账 → 复核记账内容 → 比对发货文件和发票明细 → 应收账款总账和明细账对账 → 检查应收账款账龄分析表
    ↓
准备月末客户对账单 → 确认收款
```

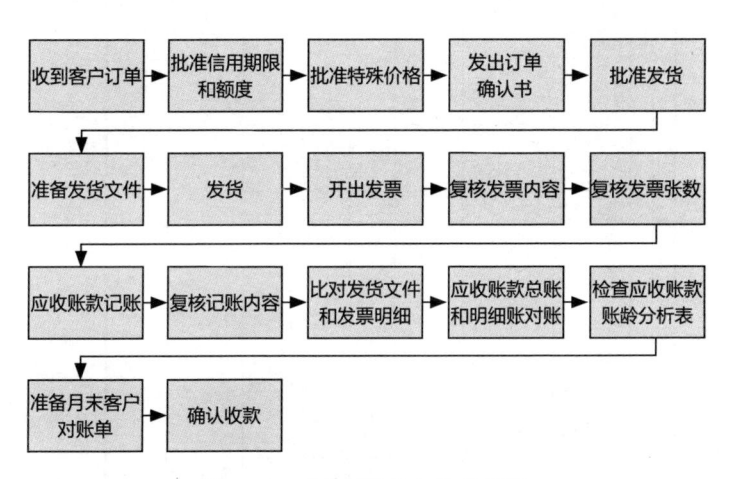

图 1-3　某公司销售与收款流程

第二步，明确每个职责属于"职责五类"中的哪一类。 比如，批准特殊价格和批准发货属于授权批准；收到客户订单、准备发货文件和开出发票属于业务经办；复核发票内容、复核发票张数、复核记账内容、比对发货文件和发票明细、应收账款总账和明细账对账、检查应收账款账龄分析表和准备月末客户对账单属于审核监控；批准信用期限和额度、发货和确认收款属于财产保管；发出订单确认书和应收账款记账属于业务记录。

而在上一级流程中，订单处理属于业务经办，开票结算属于业务记录，发货和收款属于财产保管，对账属于审核监控。

第三步，列出流程的不相容职责。 把职责类别进行纵向和横向内容填列后，基本流程中会产生 15 组不相容职责，就是表 1-4 中标①~⑮的内容；上级流程中会产生 7 组不相容职责，即表 1-4 中所标的 ❶~❼。

收到客户订单与批准信用期限和额度、批准特殊价格、发出订单确认书的职责都不相容，有 3 组，标记为①~③。批准信用

表 1-4 不相容职责表

上级职责			订单处理				发货			开票结算					对账			收款	
			业务经办			财产保管	业务经办	授权批准	财产保管	业务经办				审核监控	审核监控			收款	财产保管
职责类别	基本职责	职责类别	收到客户订单	批准信用期限和额度	批准特殊价格	发出订单确认书	批准发货	准备发货文件	开出发票	复核发票内容	复核发票张数	应收账款记录	复核记账内容	比对发货文件和发票明细	应收账款总账和明细账对账	检查应收账款账龄分析表	准备月末客户对账单	确认收款	财产保管
订单处理	业务经办	收到客户订单		①																
		批准信用期限和额度	●																	
		批准特殊价格	●		②															
	财产保管	发出订单确认书			●	③														
	授权批准	发出订单确认书			●	④												④		
发货	授权批准	批准发货						①												
	业务经办	准备发货文件					⑤													
	财产保管	发货					⑥													
开票结算	业务经办	开出发票								●	●									
	审核监控	复核发票内容								⑦	●									
	业务记录	复核发票张数								●	⑧	●	⑨							
	业务记录	应收账款记录										⑫	⑬	⑩	⑪					
	审核监控	复核记账内容											●	⑭	⑮					
对账	审核监控	比对发货文件和发票明细																		
	审核监控	应收账款总账和明细账对账												●						
	审核监控	检查应收账款账龄分析表										●								
	审核监控	准备月末客户对账单																		
收款	财产保管	确认收款																		

期限和额度与发出订单确认书职责不相容，有1组，标记为④。准备发货文件与批准发货、备货等职责都不相容，有2组，标记为⑤⑥。开出发票与复核发票内容、复核发票张数、应收账款记账、复核记账内容、比对发货文件和发票明细等职责都不相容，有5组，标记为⑦~⑪。应收账款记账与复核发票内容、复核发票张数、复核记账内容、比对发货文件和发票明细等职责都不相容，有4组，标记为⑫~⑮。

第四步，制定方案。 我们可以看到，在以上流程中，每一项工作都需要有人去做，在职责分离的前提下，越少人完成这个流程，风险越高；越多人完成这个流程，风险越低。同时，人工、时间、沟通等成本也会增加。所以我们要进行风险等级、可行性和成本分析。

方案一：对基本流程、上级流程的所有不相容职责进行了分离，但需要11个人，人工成本和执行成本非常高，这就是职责过度分离。

方案二：基本流程中涉及财务及审批环节的职责已分离，其他未特别要求，这是很多企业最愿意采用的方案，因为用人最少，因此操作效率高，执行成本也低，但是依然会存在风险。

方案三：折中方案。折中了方案一和方案二，既分离了风险较大的岗位，又做到岗岗有专人，同时避免了职责过度分离。

大家要根据企业实际情况，平衡风险与成本，采取合适的方法，也可以组织大家进行头脑风暴，讨论流程中哪些岗位风险大，必须分离，哪些岗位风险相对来说较小，可以承受，或者采用其他方法规避风险。

第五步，执行并跟踪优化。 没有绝对完美的方案，这就需要企业在执行的过程中，实时追踪使用效果，定期反馈、分析并进行调整。因此，对于企业来说，最好的方案就是按需制定、马上执行并持续优化。

工程项目的不相容职责分离

如何在工程项目中做好职责分离？需要强调的是这里所说的工程项目，是指甲方的工程项目。

不要认为甲方在工程项目里就是呼风唤雨的角色，不做好职责分离，甲方的泪与血可不比乙方少。比如，某公司进行仓库改造，以投标的方式选择供应商。结果完工后不到三个月，仓库地面全部爆裂。追查后发现是某个员工将方案的详细信息卖给了"指定"供应商，获利 30 万元。那么，为什么该员工对相关信息了如指掌？原来制定改造方案的、组织投标的都是他自己，连竞标都是他安排的"演员"走个过场。

所以不做好职责分离，老板不知要踩多少坑。那么，如何做好工程项目的不相容职责分离？主要有五个步骤：

第一步，识别工程流程项目。其中，基本流程中的职责包括项目立项、施工单位招标、合同签订、竣工验收等。上级流程中的职责包括项目立项、概预算、项目实施等。

实际操作中，第二步与第三步是合在一起的，也就是先识别流程中的五类职责，再列出不相容职责。基本流程里，项目决策、合同审批等属于授权批准；项目建议、施工单位招标、项目实施等属于业务经办。在基本流程中，项目建议审核与可行性研究、施工单位招标与确定、合同签订与审批等都要分开。我们再对上一级流程进行同样的操作。

表 1-5 基本流程中的不相容职责

通过梳理，我们可以得到表 1-5 所示的不相容职责，其中基本流程中的不相容职责共 22 组；上级流程中的不相容职责共 9 组。

第四步，制定方案。我们还是对风险等级、可行性和成本进行分析，可以制定三种方案。

方案一：对基本流程、上级流程的所有不相容职责进行分离，风险最小，但操作复杂，执行成本极高，需要 8 个人，还有职责过度分离的嫌疑。

方案二：只需要 4 个人，操作效率提升，执行成本低，但有一定风险。因为基本流程中除了财务及审批环节，其他环节都没有实现分离。

方案三：折中方案。既分离了风险较大的岗位，又提升了岗位专业化程度。

第五步，执行并跟踪优化。老板需要根据企业实际情况，择优选择方案，并进行反馈和调整。

实战思考

职责分离这把刀的核心是制衡。真正能把企业做大的老板，都是玩制衡的高手。但是，在服务客户的过程中，我们发现，有些公司内部职责分明，员工各司其职、相互牵制，老板能把更多的时间和精力放到思考公司战略和发展方向上，而不是整天救火、被一些鸡毛蒜皮的小事牵制；而有些公司中，要么一人身兼数职降低成本，要么重用亲信或亲属解决信任问题，要么老板层层加码防范风险。甚至在同一家公司中存在某些方面职责分离设计得非常实用有效，而某些方面却存在很大漏洞的现象。

请思考一下，为什么会出现这种情况？你所在的公司有没有这种情况？

第2把刀

授权控制：
授权明责，解放老板

实现授权明责的四大好处

提到授权，大家肯定都不陌生。一个不会授权的老板，一定不是一个合格的老板；一个不会授权的组织，也很难做大做强。

什么是授权呢？就是把权力给下属，使下属能够自主开展工作，不必事事请示，事事汇报。通俗地理解，授权就是上级给下属画了个"圈儿"，在"圈儿"里的事情，下属自己看着办。这样可以节省时间，老板也不用在具体细节上耗费精力。

而现实中老板往往疲于奔命，召开没完没了的会议，10元钱的报销还得老板亲自签字，甚至财务出报表还得请老板帮忙跟业务部门要数据。老板在忙得不可开交时总是想有人帮自己分担就好了，可是谁又能帮自己分担呢？又能授权给谁呢？

权力授不出去的原因有很多，但归纳起来就两点：一是不会授权；二是不敢授权。因为不会授权，所以一授权就乱，甚至被坑；又因为怕乱，所以不敢授权，由此陷入恶性循环。有的企业家经营企业，生怕员工没足够经验，哪个环节没做好，就事无巨细地亲力亲为，每晚都是最后一个离开公司。但老板越是"勤奋"，管理上的漏洞就越多，经营也不如预期，就像手里捏了一把沙子，抓得越紧，手里的沙子越少。

还有的企业家虽然被尊称为"老板"，但每个业务都是他自己一个人拼死拼活地干，几乎没有真正协助的人。团队就是一盘散沙，人来人往，老板却一直是孤家寡人，连一个得力的干将都没有！

一个管理者要想轻松管好整个企业，一定要找到一个支点，这个支点就是授权！授权，有四大好处：激励员工、培养人才、提升效率、解放老板。

第一，激励员工："士为知己者死"。

激励员工并不是简单地给钱，虽然说激励员工离不开钱，但毕竟老板也不是"冤大头"，除了给钱的方法，还有晋升、福利、沟通、授权等多种激励手段。比如海底捞的每个服务员都有权力给客人打折，甚至免单。员工得到了授权，感受到信任和尊重，就把老板的事业当成自己的事业，拼命干！身为管理者，其实应该多问问自己，对所谓"摆烂、不忠诚"的员工，是否给到足够的信任和尊重？

第二，培养人才：在工作中锻炼，在炮火中成长。

很多时候，老板总不放心，怕下属把事情办砸，觉得自己亲自上更稳妥。于是很多老板就一直在做他擅长的事，而不是做他应该做的事，长此以往好不容易被挖来的人才也会被用废。而授权，会让人才在摸爬滚打中慢慢成为独当一面的将才。有人才了，企业才能做大。段永平用12年的时间，培养了6个徒弟，这些人不仅成就了步步高，后来还都创办了自己的公司——vivo、OPPO、拼多多等。2007年，段永平从步步高拿出一部分业务给黄峥练手，等到时机成熟后，黄峥才创办了拼多多。

第三，提升效率：千斤重担人人挑。

企业想要做大，必须有效率；想要有效率，必须分工；要有分工，必须授权。历史上，拥有8万精兵的印加帝国，竟然被168名西班牙士兵灭国了。为什么呢？印加的国王牢牢把权力抓在自己的手里，事情不论大小都要层层上报，效率特别低。敌人都到了，军队要想出兵得层层请示。而西班牙人早就大摇大摆地直奔首都，活捉了印加皇帝，印加也就此亡国了。通过授权提升效率，特别重要。

第四，解放老板：老板要有所为，有所不为，一定要抓最关键的 1%。

两千年前，韩非子就说过："下君尽己之能，中君尽人之力，上君尽人之智。"下君就是下等领导者，什么事都是自己干；中君就是中等领导者，让别人在自己指挥下去执行任务；上君就是上等领导者，发挥他人的聪明才智，代替自己进行决策。

公司那么多事，老板最应该关注的事情占比多少呢？ 1%。这个数字怎么来的？我们可以测算一下，根据二八法则，员工只关注 20% 的核心事情，其直接上级关注的就是 20%×20%（4%）的事情，还剩多少事情需要老板关注呢？ 20%×20%×20%=0.08%。

一个人的精力有限，把时间用在杂七杂八的小事上，就没有时间去思考未来。所以，通过授权解放老板，老板才有时间去处理那关键的 1%。

当然，也有很多老板愿意授权，但踩坑了。

湖北有个老板非常信任自己的销售总监。销售总监仗着业绩好，经常无视财务部的流程，每次都说："这笔钱耽误了，订单没了，你财务负得起责吗？"老板也睁只眼闭只眼，每次都开绿灯。后来，这个老板跟我说："销售总监倒更像我的老板，我要求不了他，而是他在给我提出各种要求，比如，最近让我给他公司干股。我要是不顺着他，他就带着团队辞职……"

这个老板总是想不通，难道他不应该授权吗？

其实，老板是一定要授权的，但是要讲究对象和方法。企业管理的是一群人，老板要想清楚对一个具体部门、团队该授什么权、不该授什么权。

授权前要想明白的三件事

授权前，老板要想明白三件事：要不要授权、怎么授权以及下属需要什么支持。如果在授权之前这三件事没有想明白，那么授权就会失败。

浙江一个做茶具的老板，身兼总经理、销售经理、财务经理、采购经理、生产经理等几乎所有要职。他每天只睡 4 小时，身体肯定吃不消，就请了个月薪 5 万元的健康专家为自己调理。人还不到 40 岁，头发已经花白，经常进医院。

就像运动前要热身一样，授权前也该想明白三件事，把握住授权的尺度，才不会"伤筋动骨"，最后以失败告终。

第一件事：确定可以授权的工作。

一般来说，涉及公司机密、公司重大决策，以及老板必须亲自执行的工作，不适合授权。除此之外，我们可以通过以下几个标准判断哪些工作可以授权：

（1）日常、低回报的工作，比如资料收集、整理数据、统计等不需要太多专业知识或经验的工作，可以放手交给员工完成。

（2）流程简单的工作，老板只要关注、监督工作过程就行。

（3）员工已经能上手的工作，直接授权他们做，还能锻炼员工的能力。

（4）自己不擅长而其他人擅长的工作，比如对于法律和会计老板并不熟悉，就让专业的人干专业的事。

（5）能锻炼员工能力的工作。想培养人才，就要在实践中练兵！

需要注意的是，老板必须想清楚自己授权的原因，不要将"授权"和"把不想做的工作丢出去"混为一谈。如果只是因为老板懒惰，或者任务量很小，那还不如老板自己动手做。因为有研究指出，当员工的工作具有挑战性和多元性时，他的工作士气会提高；但是如果员工发现主管只是想占自己的便宜，他的工作士气便会降低。

第二件事：把工作变成能授权下去的任务。

有的老板把工作梳理完就一股脑儿丢给下级："小明，你负责今年新产品的推广工作，好好干，年终奖肯定少不了！"小明听完一脸茫然，推广的目标是什么？做到什么程度算是好？年终奖怎么算？

这是个人授权很容易踩的坑！千万不要以为把工作交代给下级就可以等着出成果了，一定要把工作转化为能授权下去的任务、目标！简单地说，就是目标要清晰、具象化，即满足SMART原则。

S：目标必须是具体的。比如，"团队招到20个人"肯定比"团队要大量招人"任务明确得多。

M：目标必须是可测量的。比如，"我要努力工作"这一目标就很模糊，"我要努力工作，完成月度KPI"就可衡量。

A：目标不能过低，但也不能高不可攀。比如，"每天拜访30个客户"这一目标过大；"每天拜访3～5个客户"的目标就既可达成，又有适当的挑战性。

R：个人目标与企业目标之间、分目标与总目标之间要有相关性，而不是只考虑自己的目标，不管他人。

T：目标必须要有明确的时间期限。比如，负责公司融资的合伙人在2022年12月31日前拿到新一轮融资款。

回到刚才讲的小明的案例，优秀的管理者会这样授权："小明，这次年度新产品的线下推广工作由你来负责，公司希望新产品在北上广深这些一线城市都能达到 40% 以上的市场占有率。达成目标的话，公司会给你 10 万元奖励！"这样一来，目标更清晰，小明也就更有干劲儿！

第三件事：给予下属与权力对等的资源。

俗话说得好，"巧妇难为无米之炊"。只给权，不给资源，员工成了"光杆司令"，拿什么打胜仗？所以，授权不只是责任的转移，也是相应资源的转移，要给钱、给人、给工具、给方法、给方向，让被授权人顺利行使职权，开展工作。

不给资源的授权，无法解决具体问题！久而久之，员工甚至对授权避之不及，团队发展必然受阻。

当老板想明白要不要授权、怎么授权、下属需要什么支持这三件事后，急需解决的问题就是：如何选择合适的授权对象？

授好权需掌握的六个要点

有人说，老板天生就会授权，否则没有办法分工，和"打工仔"无异。但会授权，不等于能授好权。

我之前去一个公司做咨询，恰好碰见老板交代员工做产品宣发。

员工："老板，我们需要50万元预算做宣发。"

老板："预算？公司没钱，你想想办法。"

员工："没钱的话，我们打算跟合作的公司资源置换，您看公司的××资源能不能提供给我们？"

老板："哎，这个资源拿出去置换不太合适，你再想想其他办法吧。"

员工挠挠头："那要不不给我们配30个人，我们自己去做推广。"

老板皱着眉头说："公司项目时间紧、任务重，抽不出这么多人。"

员工开始烦躁了："老板，我们还有什么资源能用？"

老板挥挥手："哎，都授权给你了，你要自己想想办法。公司既然授权给你，就是看中了你的能力，我相信你一定行的……"

这哪叫授权，员工觉得老板是在强人所难，老板也喊冤：我是真的看好他，想培养他，才把事交给他！然而这样授权下来，不仅没有激发员工干劲儿，还会误事，不如不授。所以老板想授权，不代表就能授好权。

那么，怎么才能授好权？授好权需掌握的六个要点如下：

1. 想明白。

要不要授权？授什么权？下属需要什么支持？对这些要点，如果老板在授权之前没有想明白，授权就极有可能会失败！

比如，某老板定好了下一年的战略目标，为了实现目标，需要多少预算呢？这个老板突发奇想，要不这次从下往上做？于是，就授权给各部门主管定出第二年的预算。最后一汇总，发现大家的想法五花八门，一算账，发现根本投不起。

所以，老板一定得想明白，什么事该授权，什么事不该授权。

又如，广州某老板想做世界一流企业，花大价钱招了一个博士负责研发工作。老板对博士说："研发所有的事，你说了算！"博士需要买研发设备、器材，然而花钱的申请一提交，需要层层审批，三四个月钱都批不下来。博士苦熬了一年，最终选择辞职。若老板真想支持研发，就应该先想明白，需要给这个博士授什么权，以及他都需要什么支持。如果授权不能落在实处，很可能不仅事没干成，还会流失人才！

2. 选对人。

把合适的事交给适合的人去做，是授权的真谛所在。人都用错了，想把事做对就太难了。所以才有：失街亭，诸葛亮挥泪斩马谡；赵孝成王重用赵括，纸上谈兵，40万大军被坑杀。

美国通用电气总裁韦尔奇被称为世界上最会用人的经理之一。他用人从不注重学历和资历，只关注这个人能做好什么。

韦尔奇不只是把下属放到合适的位置上。每年4—5月，他会带领3名高级经理一起去通用电气的12个业务部门，现场评审300多位高级经理的工作进展，对500名高层主管的审查就更严格。业务部门的首席执行官和高级人力资源部经理参加审查。这样的评审让部门经营者更容易识别出未来的管理者，制订出所有关键职位的继任计划，决定把哪些有潜质的经理送去培训。

另外，在会议进行阶段，韦尔奇会静下心来，审读每一名雇员的评价简册，简册包括每一名雇员的优缺点、发展需求、长短期目标，以及他们上级对每个人的分析。雇员的相片也会附在文件后备查。

通过这些方法，通用电气尽可能找到了为企业工作的人，并把人才放在最合适的位置，充分发挥每个人的聪明才智，让通用电气充满活力、蓬勃发展。而这种选人、用人的手段是每个想要事业有成的老板都必须学会的。很多民企老板想做大企业、规范企业，却舍不得花钱请财务高手、咨询老师，天天把公司里的会计叫过来训话，甚至有的老板要求财务做并购重组的税收筹划，财务觉得压力太大，直接辞职了。

做到"选对人"，就是不能让兔子去"游泳"，让乌龟去"赛跑"，而应该让员工去做他们最擅长的事。

3. 讲清楚。

很多管理者反映员工不"听话"，他们很难按照自己给的目标稳扎稳打地落地执行，并最终达成目标。换句话说，自己明明把工作交代出去了，但员工的达成效果总是不尽如人意，甚至与预期大相径庭。

出现这种现象有一个很大的原因：管理者没把话讲清楚。例如，老板中午招待重量级客户，让小王帮他买瓶酒，酒局上小王拿出一瓶价值15元的白酒。到底是员工不灵光，还是领导没交代清楚？为了避免上述情况，管理者无论在分配任务还是制定规章制度时，都要注意一点：讲清楚。比如，做什么事、什么时候、什么地点、为什么、怎么做、做成什么样、有什么人配合、有困难找谁等都要讲清楚，否则，下属要么乱做，要么就不动。

4. 多赋能。

第一，定期向员工积极反馈，奖励、激励；第二，遇到困难，为下属提供帮助。

IBM的创始人经常会去车间、工厂、员工办公室走动。每当看到员工干得好时，他就会停下来，给员工写张支票。面额不大，也就5美元、10美元，但效果却非常好，员工会把这张支票装裱起来，挂在墙上，向朋友和家人炫耀。这样小小的奖励，对员工却有着巨大的影响。它会让你的员工觉得你关心他们，看见了他们的成长，了解他们所做的工作，尤其是当工作做起来比较难的时候。另外，要在下属需要时，给钱、给人、给资源、给工具、给方法、给成长机会。

所以，授权不是简单地将权力给出去，还要多给员工支持，多赋能，培养后备军，如此才能让企业持续取得辉煌成绩。

但老板也要避免走进一个误区，认为"多赋能"就是老板自己多干活。有些员工，一遇到工作困难，就喜欢来"请示"，而领导者一不小心就又把问题揽回来了，成了帮下属做事。

老板应该是帆船上的罗盘指针，为全体船员与乘客指明方向，明确下一站的港口在哪里，而不是去和甲板上的水手抢活干。

5. 少干涉。

少干涉至少要做到两方面：一是有"出错"的思想准备；二是不规定完成任务的方法。老板在授权时，应当建立这样一种观念：错误是授权的一部分。做好"员工出错、任务失败"的思想准备，甚至提前想到下属会犯什么错误，会遇到什么困难。并且，无论任务结果是好是坏，老板和被授权的员工都要一起为结果负责，而不是互相推诿责任。员工犯错，其实是在摸爬滚打中成长，只要犯错代价在可接受范围内，只要员工得到的锻炼多于带来的损失，就是一次成功的授权，老板就是一个优秀的授权者！

授权后，老板也不要"奢望"员工百分之百按照自己的做事方式来完成工作。也就是说，老板可以指导员工，但不是教员工先迈左脚还是右脚，不要严格规定完成任务的方法。

深圳一家公司的高管最近提出辞职。他的工作能力很强，老板又是加薪又是给股权，想把人留下，但都没成功。他说："老板太'关心'我了，经常派人视察工作。而派来的人，每次都会召开主管会议，让我们事无巨细地汇报。那种威风凛凛的样子，就差八抬大轿、敲锣打鼓、前呼后拥了。"从主管的话中，我们大概能猜出他为什么要辞职。这种压力的产生，与老板的"干涉"有直接关系。

授权并不是找个"提线木偶"，而是应该调动员工的主观能动性，让下属主动、充分发挥能力，实现最后的目标。这样的授权，才能极大地降低沟通成本，提升管理效率，激发员工士气，达成更高绩效。

当然，少干涉，并不是授权后完全不管，还是要保留监督的权利，在被授权者犯了不可原谅的错误时，随时可以取消他的资格。

6. 拿结果。

包括总结、复盘、评价、提升。不能仅仅是完成任务，更重要的是在这个过程中，老板和下属都要学习、总结下次各自可以改进的地方，积累经验。

任正非经常讲：一个企业最大的浪费就是经验的浪费。我们要把我们的经验和教训转变成能力，不在过去摔过的坑里第二次跌倒，通过复盘和干部梯队的传承把我们成功的经验规模复制。十几年前，华为卖给斯里兰卡客户的一批产品返修率特别高，但在其他地区表现都很好。研发人员到现场查看后发现，因为斯里兰卡气候潮湿，电路板中两条线腐蚀后容易连在一起造成短路。

找到原因后，华为就提出了几个需要改进的点，其中一个是生产标准中对两条线之间的距离要求不足。标准部门立刻进行了修改，并将其运用到了硬件开发工具中，当下一个项目的硬件工程师设计的电路图中又出现不符合要求的情况时，开发工具会自动报警，这样就从源头上避免了类似错误再次发生。所以，华为才能持续成长。

授权对象的选择与沟通关键

选对了人，才能办好事。要不然下属得不到成长，团队拿不到结果，对双方都是伤害。那怎么选择授权对象呢？这里我们介绍两种方法。

方法一：人才画像分析法。

这种方法要充分考虑员工的价值观和能力值，以价值观和能力值两个维度为坐标，建立价值能力四象限（见图 2-1），将人才划分为四个层级。针对不同的层级，采用不同的授权方法。

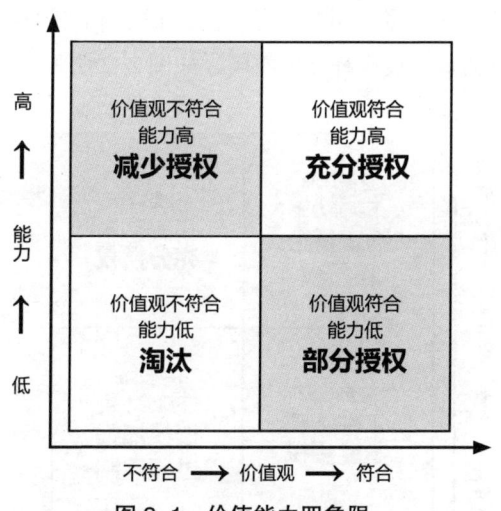

	价值观不符合	价值观符合
能力高	减少授权	充分授权
能力低	淘汰	部分授权

图 2-1　价值能力四象限

（1）对于价值观符合、能力强的员工，可以充分授权。对这类员工，老板可以完全信任，给他们安排富有挑战性的工作，甚至公司的一些战略重点任务，也可以交给他们来完成，老板只需要支持、鼓励，定时了解进度和结果即可。

（2）对于价值观符合、能力弱的员工，要部分授权。这类员工其实是充分认可公司的，也有很强的责任心，只是因为能力不足，还需要管理者进行培养。所以对于他们，老板可以选取一部分简单、容易上手的工作进行授权。

（3）对于价值观不符合、能力强的员工，要减少授权。这类员工在给组织带来收益的同时，也意味着存在风险。所以哪些可以授权？哪些不能授权？老板要特别斟酌。建议授权风险小的事情，并做好监控，或者直接减少授权。

（4）对于价值观不符合、能力弱的员工，可以直接淘汰，不用考虑授权。

方法二：考虑任务标准和人才能力。

我们以任务是否标准和下属能力强弱两个维度建立矩阵，对不同能力的员工授权程度也不同，如图 2-2 所示。

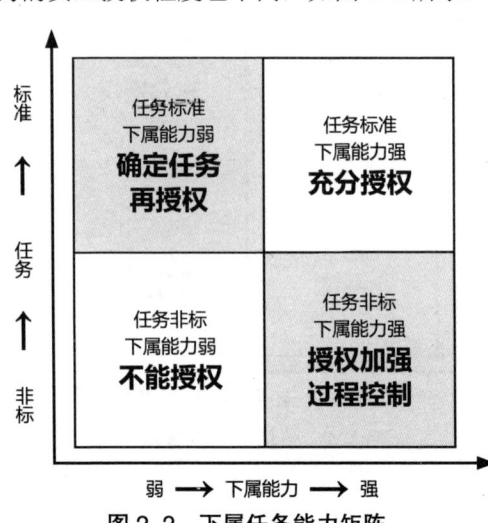

	任务标准下属能力弱 **确定任务再授权**	任务标准下属能力强 **充分授权**
	任务非标下属能力弱 **不能授权**	任务非标下属能力强 **授权加强过程控制**

纵轴：标准 ↑ 任务 ↑ 非标
横轴：弱 → 下属能力 → 强

图 2-2 下属任务能力矩阵

（1）常规任务。如果下属能力不如你：讲清楚后，才可以授权。比如，在仔细交代任务后，人力总监将组织年会这件事交给了新员工。新员工在完成任务的过程中，不仅能获得工作经验，个人能力也会大幅提升。讲清楚是为了确保员工"做正确的事"，之后授权，可以锻炼员工。

如果下属能力比你强：完全可以授权。比如，财务总监沟通能力非常强，那和税务打交道的事情，就可以放心让他做。这样既能充分调动下属工作积极性，又能释放个人精力。

（2）非常规任务。如果下属能力比你强：可以授权，但要加强过程监控。比如，企业要做IPO，必然要找一个有经验的财务总监来做这个项目。但老板也不能从此就不再过问了，还是得让财务总监定期汇报工作。授权是为了充分激发下属的积极性，但没有任何人喜欢在自己的专业领域被别人指手画脚；同时，因为不是常规任务，需要加强过程管理，避免任务跑偏。

如果下属能力不如你：不授权，否则事情会失控，还拿不到结果。有家公司想上一款ERP系统，老板授权给了IT主管，最后项目推进半年，上线还遥遥无期。

总之，对不同能力的员工授权程度应不同，不要"一刀切"，要因人而异。采用第二种授权方法后，老板的管理工作就剩下两个核心：第一，尽可能地把不常规的任务标准化，使其成为常规任务。第二，不断寻找和培养专业领域里的人才，敢用比自己强的人。刘邦出身市井，他自己都说："论谋略推算我不如张良，论战术我不如萧何，论行军打仗我不如韩信。"但就是这样一个"不才之人"竟然打败了西楚霸王项羽，一统天下。他靠的就是善于授权给合适的人，甚至是比自己厉害的人。

所以，如果你经常授权给比你弱小的人，将来公司就会变成"矮人国"；相反，如果你能授权给比你厉害的人，公司日后必定成为一家巨人公司。

最后我们来说一下老板选择授权对象过程中容易踩的三个坑。

第一，责任、能力不匹配。授权给员工时，就代表他需要承担某个责任。如果这个人不具备这种能力，老板授权给他，要么害他，要么害公司。

第二，越级授权。领导做授权，一定要授权给自己的下一级，不要越级授权，否则会把事情搞砸。想象一下，总经理直接授权一位主管做事，而这个主管的部门领导还不知情，那主管听谁的？出了事谁担责？所以，授权得逐级授权，不然管理工作会变得混乱不堪。

第三，频繁更换授权对象。金财一个客户经常在开会时一时兴起就把一件事交由某个员工负责，但对后续的工作不做安排。下一次开会时，又突发奇想，把同样的事情交给另一个员工来做。那么，到底由谁来完成呢？经常更换授权对象，就会竹篮打水一场空，权授出去了，但拿不到结果。

只有选对了人才能有效授权，同样地，授权给对的人，管理者也可以解放每天仅有的 24 小时，可以去不断探索新的个人认知，扩展业务边界。

苏州一个老板常和我抱怨不敢授权。如果授权给副总 A，一分授权，他能给你用出十分来，一有权就瞎搞；副总 B，则完全相反，无论怎么给他授权，他还是什么都要问，问完了还不做决定。老板对左右副手都极其不满意，想当甩手掌柜，但每天看这俩人又恨铁不成钢，不知道该怎么办。

为什么即使有了授权，副总 B 遇到大事小情还是要找老板拍板？是他真的不知道该怎么做吗？真实情况是老板在授权时压根儿没有明确告诉过副总 B 具体的权力范围，以及他能做什么决定。为了不造成这样扭捏的局面，老板在授权时一定要向被授权人解释清楚授权任务，比如告知被授权人此项任务的性质、希望得到的结果、完成期限和可提供的资源。

假如老板授权副总B去洽谈一个项目，只丢下一句"你去谈"，那么副总B可不得有了进展就追着老板汇报、请示。但如果老板详细给了指示："底价是100万元，没超过你就签了；需要什么人配合项目启动，你直接从各部门抽调；这项目最晚在下周启动，每周向我汇报一次进展。"副总B就清楚知道哪些情况他可以拍板，哪些情况他得上报。

同时老板要切记：一定要让员工用自己的语言把任务复述一遍，确保他真的理解了自己的任务、权力和责任。金财研发课件时也是如此。总设计师会先讲清楚课件的主题、意义等，执笔人理解后，要先完整讲述一遍才能动笔。

副总A的问题又该如何解决呢？有的人就是如此，一拿到授权，就放大自己的权力。但老板能直接打压吗？如果一越权就打压，何人还敢接权？这个限度，就需要老板把关。这里，我教大家一个小技巧：让授权对象参与决策的讨论。比如，老板要交给副总A完成一项工作，就让他和自己一起确定完成这项工作需要多大的权力、需要哪些资源。要让他明白老板只是授予他完成某项工作的权力，而不是无限的权力。

授权的目的是完成任务，必然要涉及其他员工，这些员工也需要知道谁被授予了什么权力，以及多大的权力，不然很可能会产生冲突，降低完成任务的可能性。比如，经理把小王叫进办公室说："年底要办一场客户答谢会，这事以前都是小明负责，但他最近比较忙，所以你去帮他一下，你们一起负责。"这样的授权也就天知地知，经理知，小王知。小王在后续推进工作时，就有人"不买账"："之前都是小明负责，你是谁？让小明来和我说话。"而且，如果大家都不知道被授权人的权力大小，没有人对其进行监督，任务过程就容易不受控。

所以，授权一定要在公开场合进行，让相关部门和人员了解被授权人的工作目标、工作内容、权力范围等。

营造授权环境，保证授权效果

不管是个人授权还是组织分权，都需要企业有合适的授权环境。环境不宜，授权就会流于形式，甚至会导致管理混乱，造成企业经营风险。

某公司的考核只有扣分项，没有加分项，员工只要出错，就会被扣工资。有一次公司想储备一些物料，授权给仓储经理外租一个仓库，但一个月也没租到。询问过后才知道，因为经理怕犯错，不敢随便做决策，等找到合适的仓库时，需要储备的材料已经涨价50%。这就是典型的没有好的授权环境的案例。

环境不好，授权会起到反作用。老板再精通个人授权、组织分权，缺少授权环境的土壤，也收获不了成功授权的果实。

想要营造企业授权环境，至少要做好以下四点：

第一，在"做对的事情"前提下，包容过程中所犯的错误。

老板自己都会犯错，甚至一个错误的决策会导致企业赔钱，但是到下属这里，很多老板零容忍，员工犯错往往只会一味地追责。

比如，老板总鼓励大家要有创新精神，但团队知道老板特别喜欢"秋后算账"，试问在这种情况下，还有人敢创新试错吗？

营造包容的文化氛围看似简单，但大多数企业往往做不到，员工反而觉得"多做多错，少做少错，不做不错"。当然这并不意味着纵容大家犯错，而是更早发现错误、更快修正、更好弥补。

第二，做到信息共享，扫除创建授权环境的最大障碍。

在想明白的基础上，让员工了解授权者在做什么，并且激励员工一起努力，一起为目标创造价值；在讲清楚的基础上，给员工提供企业运营的信息，让他们知道自己的工作是多么有效；在选对人的基础上，给员工介绍考核的前因后果，让员工明白他们工作的意义，从而朝着正确的方向前进。然而，遗憾的是，很多企业都将这些视为"企业机密"，与员工分享这些信息都是奢谈。

在金财，公司赚了多少钱、事业部的经营情况、年度目标，从不是秘密。这样授权后，员工没有疑虑，也不会质疑目标是否是天方夜谭，只管放心干！

第三，营造一种可以进行有效沟通、相互鼓励、充满信任的工作环境。

比如，深圳一家公司做大后，人员流动变快，老板没那么多精力再关心员工动态了，就跟风找了个HRBP，替他和员工谈话。但后来，越来越多的核心人员离职，问HRBP也说不出来个所以然。实际上是因为什么呢？人力部门变成了"监察大臣"，天天就在办公室巡逻，员工因为鸡毛蒜皮的事情都要被拉去人力的"小黑屋"谈话。所以，如果企业没有充满信任的工作环境，授权了又有什么用呢？

第四，从流程营造授权环境，分四个阶段。

授权设计：仅对重要控制事项设置关键控制点，授权层级兼顾控制效果和执行效率，关键事项权限分配不重不漏，满足不相容职责分离和权责利对等要求。

授权执行：对被授权人胜任能力进行评估，确保被授权人能够获得充分的行权资源，授权范围、对象、权限、时效清晰，授权程序完备，留下可审查的授权记录。

授权监督：关注重大授权，关注例外事项授权，关注临时授权。

授权考核：授权人与被授权人责任明确划分，建立授权责任追溯及考核机制。

大家可以根据这四个阶段，结合公司实际情况完善授权流程，并有效执行。老板以身作则，授权环境自然会清明很多。

好的环境能让授权事半功倍，做到包容错误、信息共享、建立信任、制度保障，这样就可以在极大程度上改善授权环境。

授权后想要按时拿到预期的结果，需要做到两点，即定时追踪进度、及时任务复盘。定时追踪进度能确保本次授权落地；及时任务复盘，能保障未来更好地授权。

1. 定时追踪进度。

有执行，没跟踪，竹篮打水一场空。很多管理者经常纳闷：任务布置下去之后，为什么总是不能拿到称心如意的结果？

比如，月初，经理就让小王尽快统计上半年采购数据，打算10日向老板汇报，结果到9日小王还没给他数据。找到小王时，小王支支吾吾了半天，才说忘记了，还没开始动笔，经理很生气。

其实，出现这种现象，问题不只在于员工。如果管理者授权后，对任务提出要求、明确完成期限，有严格的检查和监督机制，那么员工就更有可能保质保量地按时完成任务。

比如，人财务研究院院长想让研发中心12月底前完成《钱体系》的手稿。如果交代下去后，他就坐等31日去拿成果，最后能一篇不落地拿到吗？稿子质量能保证吗？

如果院长布置任务后，通过设计项目广告牌，每周追踪最新进展，审核质量，那么月末拿到成果的概率就提升了。

定时跟踪后，院长发现稿子内容、语言风格跑偏时，还能及时拉回来。形象地说，这就叫作"扶上马，送一程"。通过"送一程"，不仅能把跑偏的马拉回到正确的轨道上来，还能给员工应得的赞赏或反馈意见，让员工更有安全感：我是授权给你了，但我不会不管你，在你需要时，我会提供帮助。这样，院长就能掌握工作进程，及时纠偏；写稿人也更有信心完成任务，按时拿到预期的成果。

想要跟踪过程进度的工具、方式也有很多，除了院长使用的项目广告牌，还有定期汇报、Excel进度追踪表等形式。授权后，一定要定时关注进程、关注成果，才能确保任务完成。

2. 及时任务复盘。

任务完成了，并不代表授权就结束了，不做好及时复盘，授权就不能完美地画上句号。

任正非说过："企业最大的浪费，是经验的浪费。"而任务完成的过程，不管对个人还是企业，都是一次经验的积累，所以要进行复盘，避免宝贵经验的浪费！

很多知名企业都非常重视"复盘"，比如史玉柱破产后能东山再起，不重蹈覆辙，是因为在不断复盘归纳；柳传志将"复盘"列为联想三大方法论之一；拉卡拉创始人孙陶然直接将自己的成就的一半归结为善于复盘。

那如何复盘呢？分五步：

第一步，目标回顾。当初的意图或目的是什么？想要达到的目标是什么？我们计划怎么做？预先制订的计划是什么？事先设想要发生的事情是什么？

第二步，结果陈述。实际上发生了什么事？在什么情况下发生的？怎么发生的？与目标相比，哪些地方做得好？哪些未达预期？

第三步，过程分析。实际状况与预期有无差异？如有，为什么会发生这些差异？哪些因素导致没有达到预期目标？失败的根本原因是什么？如果没有失败，成功的关键因素是什么？

第四步，规律总结。从过程中学到了什么新东西？如果有人要进行同样的行动，我会给他什么建议？接下来我们该做些什么？哪些是我们可直接行动的？

第五步，复盘归档。进行复盘和归档，将这些认识知识化，方便传播和查阅。好的经验心得可以让人少走弯路，工作更顺畅，为团队创造价值。

授权后根据结果复盘，如果不那么完美，就需要亡羊补牢，可以用PDCA工具来改善；当然，如果非常成功，那么就可以用SDCA工具，经验沉淀。这两个工具将在"第6把刀　管理标准化：搭建企业的'成功天梯'"一章中进行讲解。

最后，我们还是想再提醒下各位老板，授权时可别忘了，自己有绝对的"生杀大权"——可以在关键时刻收回授权！授权不代表放任不管，该用铁血手腕时，也不要心软。

比如，某企业高管为了广告收入，把官网的社区入口调整到边角位置。这与领导所坚持的"客户第一，员工第二，股东第三"原则背道而驰，于是领导当机立断，半夜给他打电话，要求马上恢复到原来的样子，并收回了给高管的权力。

企业的常见权力及分类方法

湖南李老板最近很苦恼：公司会计卷款逃跑了，李老板一朝被蛇咬，再也不相信任何人，但是自己又不懂财务，不得不找人分担一些事情，每晚都做被偷钱的噩梦。其实李老板不用那么纠结，经营企业必然需要授权，除了对个人授权，还可以把权力授予组织，即组织分权。

怎样分权能激活组织？怎样分权能在解放老板的同时降低风险？这是企业做大过程中老板的必修课。在讲解如何做好组织分权之前，我们先说说企业有哪些要分的权力。

1. 企业里常见的九种权力。

第一，提出权，即提出或发起某项工作的权力。比如，物料需求部门根据生产计划、仓储数据等，向采购部门提出请购建议。

第二，审核权，即对某项业务相关程序是否完备、支持材料是否规范、数据是否正确等进行检查、核实的权力。比如，技术部门对供应商的技术能力进行检查，确认其是否符合技术标准。

第三，审批权，即对某项业务申请、方案进行核准与决策或对某项成果进行确认的权力。比如，采购部门负责人决定是否引入某供应商。

第四，执行权，即执行某项指令，实施某项经营活动的权力。比如，采购员经授权后，可代表企业与指定供应商进行商务谈判。

第五，记录权，即对特定经营活动进行正式记录的权力。比如，销售部门的商务人员根据销售情况登记销售台账，财务部门的会计人员对经营业务进行会计处理和账目登记。

第六，检查权，即对特定经营活动进行检查监督的权力。比如，内审部门对业务部门的经营活动实施审计，市场督导部门对企业经销商的业务规范性进行检查。

第七，知情权，即及时、完整、准确地获知特定经营活动相关信息的权力。比如，总部各职能部门向子公司要求其报备重大经营事项。

第八，建议权，即对特定经营活动提出优化建议的权力。比如，企业各部门向品牌部门提出品牌方案优化建议。

第九，考核权，即对特定经营活动、经营主体进行考核的权力。比如，企业绩效管理委员会对企业各部门进行年度绩效考核。

这九种权力看着很容易理解，但在实际中，人们却往往分不清。

举几个常见的例子。某项业务申请，老板都点头了，让财务再审核一下，财务却说成本太大，不同意通过；车间想购买设备，被设备部经理"一票否决"。这些就是典型的把审核权当审批权在用。比如，生产请购10吨物料，采购经理审批同意了，老板也同意了，流程走到仓库，仓管却说没地儿放，别买了。按理说仓管只有知情权，不能左右决策。

所以，对这些权力不分清楚，实际执行的流程就会混乱、冗长，解决不了问题，还浪费时间，影响效率。老板清晰理解这些权力的概念后，至少有两个好处：第一，出问题时，老板可以追责；第二，减少内耗，提升效率。

2. 老板需紧抓在手中的两种权力。

企业里这么多权力，老板能都捏在手里，眉毛胡子一把抓吗？隋文帝杨坚就这样干了，什么都要亲自过问，军报从早看到晚，以至于兵部尚书无所事事，干脆请旨平调到礼部。虽然杨坚这么能干，一统南北朝，但隋朝不到40年就"倒闭"了。反过来，老板能什么都放权，什么也不管吗？明朝的万历皇帝30年不问政事，明朝从此由盛转衰。

那老板究竟要抓哪些权力？其实值得老板稳抓不放手的也只有两个：重大事项的审批权和核心人才的考核权。

如果老板不抓重大事项的审批权，那么自己的公司都是别人说了算。有个老板一心扑在销售上，生产的事情全部交给生产总监。结果，生产线改造、生产核心管理层的任命，老板完全说不上话，整个生产部像被外包了一样。后来奖金问题没谈拢，生产总监撂挑子，工厂直接停摆半年。

失去重大事项审批权的老板，要么主动退休，要么被架空。所以，老板一定要把握重大事项的审批权，避免战略跑偏，从而掌控企业未来。

抓住核心人才考核权也是这样的道理。某生产企业的生产计划经理负责物料供应、生产排程，上任以来客户交付率高达97%，远超同行。但是，他的上司在年度考核时，因为私人恩怨，竟然给他评了C级，生产计划经理当天就辞职了。接下来半年生产一片混乱，及时交付率下降到80%。

所以，牢牢把握住重大事项的审批权和核心人才的考核权，也就掌握了控制权，老板等于吃了颗"定心丸"，既能激活组织，又能安心地解放自己。老板要牢牢把握住重大事项的审批权和核心人才的考核权，在分权激活组织、解放自己之余，降低被架空的可能性。

3. 用四步法厘清企业内部的权力。

我们来设计一个工具：组织分权矩阵，再来说说分权中的注意事项。通过厘清结构、识别判断、权力分配和权力固化，大家就能梳理出自己企业的组织分权矩阵。

第一步，先搞清楚企业有哪些部门，厘清结构。某企业的职能部门结构如表 2-1 所示。比如，企业的职能部门有财务部、总裁办、技术部等，下属二级机构有哪些；公司有几个副总、总监。这一步做完，表格的横列就都梳理清楚了。

表 2-1　某企业职能部门结构

事项		股东会	董事会	总裁/总经理/CEO	职能部门					下属二级机构
					财务	人力资源	总裁办	信息	……	
分类 A	事项 a1		（4）知情	（3）批准	（2）审核					（1）建议
	事项 a2									
	……									
分类 B	事项 b1									
	事项 b2									
	……									
……	……									

第二步，识别判断。结构理清楚后，再判断哪些事需要分权。比如，销售定价的权力归谁？是给财务，还是业务员？定价权其实体现了企业的战略，是非常重要的权力，还是得老板把握，不过可以参考财务、业务的建议。也就是说，业务员有报价的建议权，财务也有核价权。

比如，签订合同、执行合同的权力归谁？法务手上又有什么权力？有个客户想跟金财签合同，法务说合同有两个条款存在风险，不让签，老板点头也没用，最后老板只能自掏腰包签咨询案。实际上法务本该只有审核权，却执行成了审批权，变相分走了老板的权力。

又如，老板和政府做生意，让财务开销售发票，财务却说没有进项，坚决不开。财务的责任是给老板解读管理的风险，有建议权和执行权，但并不拥有批准权。

第三步，权力分配，根据实际情况选择集权还是分权。

根据重要性判断。类似于战略、经营计划、预算等特别重要的事项,肯定要集权,要大领导把关;一般性的工作,就要以授权为主。

根据市场环境判断。外部环境越复杂,不确定性越大,变化越快,越需要灵活快速地应对,所以就需要适当授权,让员工有更多的自主权力,更能因地制宜地自主决策。这和"将在外,君命有所不受"是一样的道理。

根据管理水平判断。管理团队的能力匹配公司的要求,就可以授权,反之,则要考虑集权。对于能力强、德才兼备的好干部,必然要放手让他去干!

根据集权分权的程度,我们可以将其分为一级到五级,如表 2-2 所示。

表 2-2 集权分权的五个等级

下一层级参与状况	决策位置描绘
1.上级决策,通知下级;下级执行	一级
2.下级参与决策讨论,但决策由上级做出,下级执行	二级
3.上级将非重要的、不影响全局的事项交由下级决策	三级
4.上级只做目标和行为框架层面的决策;大部分决策事项由下级决策	四级
5.下级决策,通知上级;自组织运行	五级

老板可以对照一下,根据实际情况做出选择。当然还有一种情况,就是老板完全弃权,员工干了什么,老板不知道,直到把企业搞垮。所以分配权力时,老板尤其要注意以下几点:

其一,要明晰职责。看看各部门的职责、工作目标是否清晰。很多时候看起来是各司其职,但实际工作中,往往会有冲突。比如,生产部门充分利用产能,提高生产效率,降低成本,要求满负荷生产;但是供应链部门让按照客户需求来生产,该放假的放假,该停线的停线,两个部门之间天天打架。所以做权力分配时，我们建议老板先考虑不相容职责分离。

当然，个人授权和组织分权也不能冲突。比如，老板不能因为信任销售总监，就把涉及资金管理的工作也授权给他。

其二，分权时要注意适当分权。根据岗位职责，授予完成工作必需的权力。和个人授权一样，对组织也不能过度授权。比如，某公司设立办事处给已有的大客户提供送货、售后等服务。那么，这个办事处就没有给客户折扣、优惠、返利的权力。

其三，授权给组织后，也要随时监控，做到权力能放能收。初创时，某公司给了某部门自主用人的权力。后来，公司想收回用人权，部门员工以全体辞职相威胁，老板不知该如何是好。所以如果权力给出去就收不回了，与养虎为患没有区别。

这一步做完后，其实企业的组织分权矩阵就出来了。××有限公司审批权限一览表见表2-3。

第四步，权力固化。如果是常态分权，权力长期有效，那就要固化在岗位上、流程里，并严格执行。如果是临时分权，就要注意及时收回。

前面的三步是99%，权力固化就是最后的1%。这1%不落实，只能是不停循环地做前面的99%。某公司业务出了问题，老板追查原因，发现是职员没按照流程操作，问他："你为什么这么干？"得到的回答是："我们以前都是这么干的！"所以，流程没有调整，或者调整了但执行的人不知道，都是白调整。至于权力固化方法，就很多样了，包括制度文件固化、权限表固化、授权书固化、表单固化、信息系统设置固化。

还有一种情况，权力虽然固化了，但执行走样，又倒回去拼命改授权、改流程，殊不知真正的关键，在于抓细节。

比如，OA、ERP系统权限设置不能冲突。一家企业原本的流程是：销售合同业务签字，老板签字，财务盖章审核。但有一次合同付款条款不清，老板又不太懂财务，差点就出大问题。

表2-3　××有限公司审批权限一览表

		归口部门	会签部门	财务部	财务总监	分管领导	总经理	董事长	备注
一、非流动资产类（需前置审批）								
1	固定资产购买（其他类，计划内）	使用部门	综合部、商务部	复核	核准	核准	核准	审批	
	固定资产购买（其他类，计划外）	使用部门	综合部、商务部	复核	核准	核准	核准	审批	
2	基建项目（计划内，50万元以下）	综合部	相关部门	复核	核准	核准	核准	审批	
3	固定资产出售（净值1万元以下）	生产部、综合部		复核	核准	核准	核准	审批	
	固定资产出售（净值1万元以上）	生产部、综合部		复核	核准	核准	核准	审批	
4	无形资产购/处置	综合部	相关部门	复核	核准	核准	核准	审批	
5	购置、自制工装、工具、模具等	生产部	技术部	复核	审核	核准	核准	审批	
6	固定资产验收	相关部门	使用部门、质量部	复核	—	审核	—	审批	
7	固定资产报废（净值1万元以下）	使用部门	相关部门、质量部	复核	核准	核准	核准	审批	
	固定资产报废（净值1万元以上）	使用部门	相关部门、质量部	复核	核准	核准	核准	审批	
8	投资事项或者设立分子公司	综合部		—	核准	—	核准	审批	
二、流动资产类								
1	材料采购	商务部		复核	审核	核准	审核	审批	
2	材料采购—预付款	商务部		复核	审核	—	审核	审批	根据合同约定
3	应收账款调整（坏账核减，1000元以下）	市场部		复核	审核	核准	审核	审批	

于是老板下令，以后要先由财务审批合同，老板才签字。口头上流程是改了，但OA里合同审批流程还是没变，下次再遇上什么付款问题，还能这么好运地躲过去吗？

所以这最后一步，就是要按照组织分权矩阵，把生成的每一行内容都固定在具体岗位上，固化在做事的流程里，并和企业的软件权限相匹配。

为什么民企要先集权再授权

最近王老板很苦恼，公司做大了，子公司都有了自己的财务、会计，但天高皇帝远，财务成了"经理的财务"。于是王老板费了大力气把财务集中在一块，但离业务远了，当地又得请人干活，交接时两边都说不清楚。最后既影响业务，财务也辞职了。

该集中的权力没集中，老板控制不住；该分权时保守，不敢分权，或者没权可分。所以，针对民企的特殊现状，就应该先集权再分权，集权集好了，分权过程中自然不害怕失控了。

企业里无非就三种权力：财权、人权、业务权（事权）。这三种权力都集中了，再谈分权自然是安全的。

以财权为例，企业该怎么"集"、怎么"分"呢？比如，资金方面，无条件集中管理。涉及钱的，做不到集权，只会赚得越多，漏得越快。同样地，核算也要集权。任正非说核算权就是战争指挥权，所以核算标准要统一。但核算又是为了支持业务，所以凡是涉及业务的，就可以分权。在税务方面，税务安排、税务设计必须集权，统一安排。

其实上述这些分权、集权的动作，就是在做财务共享中心，在建集团财务管控体系。

苦恼的王老板具体该怎么办呢？首先梳理组织架构、业务流程，建立共享财务中心，集中管控。

同时设财务BP，让他双向汇报。财务BP的任职资格由总部定，但业绩考核要和分子公司绑定；而财务BP的工作，如交业务报销费用、和总部财务沟通、帮助业务经理提供汇报材料等，要尽量分权，避免财务BP事事都向总部请示，影响业务执行。

除了资金管理、核算、财务制度制定、税务设计四个方面必须集权，其他的老板可以斟酌着分权。

同样，人才管理也是这样的道理。

招人方面，分级。特别关键的人，或者大规模招聘，就要集权；零星招聘，像招业务员、工人就可以分权。

人招来后需要先培训，在岗的培训没办法集中，那就分权。但制度、方法论的制定，文化的培训，都要集中。或者大的人才培养项目可以由集团总部统一安排，分子公司只负责做在职训练。

储备人才成本高，由分子公司操作容易失控，所以这事必须老板花时间、花力气集中管理。

薪酬方面，基本工资、奖金也需要分层级。建议从上往下分两层，关键岗位核心人才薪酬制度要集权，下面的人可以通过薪酬总包、薪酬制度等分权。当然，相关的制度制定也应该在总部集权。一句话总结，就是招兵总部来，佣兵分公司上，业绩评价分公司评价，发钱总部来。

和财务的管理类似，这其实也是在做共享中心和人力资源体系的设计，在很多跨国企业，都是财务、人力、法务等支持部门做成共享中心，提高效率，加强管控。除了我们提到的，核心人员的招聘、薪酬，方法论、文化的培训，人才管理制度需要集权，其他的都可以分权。

最后来说说业务权，很多老板以为大权在握，实际上真是如此吗？

比如，湖南李老板就因为控制不住架构，形成了诸侯文化。

李老板不想"坐以待毙",所以就要求所有人认真写OA,向自己汇报。OA还设置为不准复制粘贴,经理批OA,也不能简单写同意,要写原因。老板想这下自己可以掌控全局了吧,结果上有政策下有对策,下面的人着急办事的时候,就先斩后奏,不着急的事情能拖的就拖。

老板想要的是集中业务流程的权力,结果搞成集了OA的权,审批流于形式,权力还是失控。

所以业务权,涉及战略的都需要集权,涉及业务操作的才能分出去。比如销售、拿订单都是分权的,但体现公司战略的,比如新市场开发的策略、新产品投放等,就必须集权。

像华为这么大体量的民企,任正非都强调:"华为永远都实行中央集权,因为稳定是发展的基础。"在分权问题上,任正非是谨慎的:要在中央集权的基础上,层层有序分权,先有集权,再有分权,口号是"充分授权,严格监督"。

实战思考

"简能而任之,择善而从之。"(魏征《谏太宗十思疏》)只有充分授权,才能使下属更好地为老板效命,才能"垂拱而治"。这个道理我们都懂,但是并不是人人都能做到。

在我们的咨询客户中,有一些企业老板告诉我们,他已充分给下属授权,但是高管、经理告诉我们,老板什么都不放手,对谁都不放心。

各位读者,你觉得出现这种现象是什么原因?你们的企业在授权管理方面是什么样的情况?

第3把刀

额度控制：
放小抓大，锁定风险

抓好额度控制的三大价值

额度,是上级授予下级办理某项业务时所需花费的最高限额。而额度控制,其实就是通过控制"额度"来控制经营风险,帮助企业达成目标的一种手段。

例如,金财投资了100多家分子公司,这些分子公司有的盈利,有的亏损。如果没有额度限制,那么亏损的公司可能就会变成一个无底洞。所以,金财在投资公司时明确规定:一旦亏损金额达到30万元,这个分子公司就要马上解散。设立了这个亏损额度,就相当于控制了投资风险。

用好额度控制这把刀,老板至少可以得到三大价值:提高管理效率、锁定授权风险、强化战略导向。

1. 提高管理效率。

大多数老板都知道,如果在经营企业时眉毛胡子一把抓,企业是很难做大的。都说抓大放小,如果老板不学会"放小",哪里有时间"抓大"?用额度控制小事、小费用,就是为了抓大。同时,额度控制也是"二八法则"的一种具体应用。老板可以将需要管的事项按照重要性排序,自己亲自管理前面20%的事项,后面80%的事项则通过额度控制交由下属完成。

因此,额度控制特别适合"放小"。当然,老板也要调整心态,要敢于"放小",才能把自己从琐碎的事情中解放出来,真正提高管理效率。比如,金财的每个分公司都有自己的公共基金，基金金额为分公司上月营业额的 1.5%。具体如何使用这笔基金由分公司的总经理自由支配，但是总经理需要把花销明细贴在公告栏上，向员工公示，总公司则不参与对该基金的管理。这种做法大大提高了公司的管理效率。

2. 锁定授权风险。

很多银行都会限制用户的每日转账额度，如果这个上限是 5 万元，那么即使用户遇到电信诈骗，最多也只会损失 5 万元。这样既可以控制预算，又可以降低风险。

用在企业管理上也是如此。假如员工外出谈单时申请了 1000 元的额度授权，那么，即便他再怎么用，也只损失这 1000 元。但它能"买到"的价值，远远不止这些。员工在额度之内办事，不用事事请示、事事汇报，这种自主性能在很大程度上激励员工，提高其工作积极性。

另外，有时企业与客户合作需要给客户授信，允许客户欠款，给予一定的账期。这时，企业需要对与客户合作的风险进行信用等级分类，对高风险客户不给授信，对低风险客户可以给予小额授信，信用好的客户可以适当地提高授信额度。

3. 强化战略导向。

有效的额度控制释放的管理信号是极强的，有了额度也就意味着有了方向！

每年，金财都会投入大笔资金做研发。但是投入多少合适呢？投入得少，研发效果不好；投入得多，又会影响利润。经过商讨，我们拟定了一个额度：每年投资 800 万元用于研发工作。于是，大财务研究院成立了。苏州一家企业的老板希望自己企业的管理水平能够不断升级，他听从我们的建议，每年投资 100 万元用于管理系统的咨询。结果，第一年的咨询还没结束，企业的交货周期就从 40 多天缩短到了 7 天。

讲完了额度控制的三大价值，我们再来讲讲额度控制常见的误区。

第一，以包代管，只看额度不看用途。这也是额度控制最常见、最主要的误区。

比如，一些企业对生产车间的设备维修费用有额度限制，超过额度的费用申请手续又极为烦琐，员工不愿自找麻烦，导致设备修了又修，真正的问题却得不到解决。又如，某销售公司按照销量的百分比限制业务员的费用额度，结果销售人员都只想维系好现有的客户，而不愿意开拓新市场。

通过以上两个例子，我们可以看出，以包代管的结果就是资金滥用，企业不仅花了钱，还没做成事。

第二，放空炮，额度有了，钱不到位。

某老板在会议上提出计划在次月投资 60 万元做项目，但是项目该怎么做、由谁做，都没有具体的章程。最后，项目实施也沦为空谈。有想法却无落实，这并不是我们讲的真正的额度控制。

第三，吃大锅饭，雨露均沾。

在企业中，有的部门和岗位真的需要额度，比如物流、办事处的行政经理；有的岗位根本不需要额度，比如有客户请客的采购经理。但是在有些民企中，员工无论职位大小，都有一定的额度。这就可能导致越来越多的人将额度当作福利，企业中官僚之风盛行。有额度却无区分，做实事的人缺钱用，耍花活的人乱用钱。

额度控制具有极强的战略导向，鼓励什么，就会盛行什么。真正的额度控制是根据需要来的，而不是根据级别来的。

"花钱"创造价值的三大原则

在讲解用额度控制费用之前,我们先来讲讲费用。

费用之所以产生,是因为有业务活动,开展业务活动是为了拿到结果。也就是说,费用支出的目的是高效地拿到结果、赚到钱。然而,有些企业财务部门搞错了方向,单纯地为了控制费用而控制费用,从而影响业务。

杭州某公司兼并了一家子公司。子公司的销售总监与杭州公司的财务总监第一次见面时就问:"现在业务人员出差时的餐补有多少?"财务总监回答:"50~80元。"财务总监反问:"原来子公司的餐补是多少?"销售总监说:"5元。""5元?半份盒饭都买不了吧!"销售总监苦笑:"当时我们财务认为,公司业绩不好,就需要控制费用。最终,费用降下来了,但业务员也都不出差了,就打电话谈谈业务,公司的业绩也越来越不好。"财务总监感慨地说:"难怪会被我们兼并……"

所以,在讨论该如何"用额度"控制费用之前,我们需要先讨论一下该如何控制费用。

费用的背后是业务活动,业务活动的背后是员工行为,员工行为的背后是公司希望实现的战略目标。大多数时候,费用管理涉及的金额往往不多,但是,每一次的费用管控动作,都在引导着员工的行为方向。如果费用管理不当,可能就会导致企业发展偏离战略航线，企业文化体系被侵蚀。所以，费用管理会影响企业的战略执行和文化落地。

比如，某公司的产品太过老旧，老板也一直要求重视创新、重视研发。但是，研发项目立项后，每一笔研发费用的报销都需要工程师按照财务要求提出申请，申请审批时间长达3个月。工程师嫌流程麻烦，想方设法把报销这件事推给别人，最后甚至不愿再花钱，导致产品升级迟迟没有进展。

又如，很多企业都强调客户至上。但是，当业务员找到财务想要报销时，只要超过一定额度，就会受到刁难：要么不给报销，要么走一个特别麻烦的审批流程。于是久而久之，员工就都明白了：不是客户至上，而是省钱至上。

简单来说，费用控制不是一味地省钱，而是想明白如何花钱，如何通过花钱创造价值。基于此，我们对"花钱"提出了三点要求：

第一，企业为经营活动花钱，需要为客户创造价值。

比如，金财每年投入800万元做研发，建立500人的技术老师团队，就是为了能够给客户提供更加优质的产品和服务。又如，胖东来作为商超行业的标杆性企业，不论是店内琳琅满目的货架、装修干净整洁的卫生间，还是各种贴心到极致的服务，都是为了给顾客创造愉悦的购物环境，提升顾客的购物体验。

第二，如果不能直接为客户创造价值，就得为企业创造价值。

比如，企业召开年会，表彰先进员工，从而振奋人心、鼓舞士气。又如，企业完善内控体系，梳理业务流程，从而控制风险、提升效率；建立老板驾驶舱，为经营决策提供支持。这些管理活动都是为企业赋能，以创造更多的价值。

第三，如果不能直接为企业创造价值，那至少要能为员工创造价值，让员工能带着幸福感为客户创造价值、为企业创造价值。

比如，海底捞会给员工的父母发放年终奖，虽然金额不大，可能也就几百元钱；但是同样的钱，发给员工，就不如直接发给员工父母带来的激励效果大，而且双方都能开心满足。

相反，企业的有些经营活动，其本身并不创造价值；或者，因为操作不当让本来能够创造价值的活动贬值，花钱办了坏事儿。所以，在花钱之前，公司需要仔细考虑该如何花钱。费用支出，就是在该花钱的地方花钱，不该花钱的地方省钱或不花钱。

企业最终交付给客户的一定是某项产品或服务，即为客户创造价值。而构成或影响这项产品或服务的费用，可以分为两类：一类是直接对最终产品或服务有影响，即直接创造客户价值的花费；另一类是并不直接创造客户价值的花费。

那么，这类并不直接创造客户价值的费用为什么会产生或存在？有两方面原因：一是这类费用的发生是企业管理所必不可少的；二是这类费用本来就不应该产生，对应的业务活动本身不创造任何价值，应该去除。

企业管理必不可少的费用又可以分为两类：一类是直接管理所产生的费用，创造企业价值；另一类就是激励员工、创造员工价值所产生的费用。这两类费用，都间接为客户创造价值。

实行额度控制费用的三个步骤

用额度控制费用,可以简单概括为三步:分类定原则、定额度、执行与跟踪。

1. 分类定原则。

从是否增值或创造价值角度出发,我们可以将费用产生的业务分为增值业务和不增值业务。针对不同业务活动产生的费用,确定额度控制的总体原则。

其中,增值业务分为两种:一种是常规产品的销售、仓储、物流等,企业常规的业务活动所发生的费用,要继续维持。针对这种费用的额度控制原则是:进行业务优化,提升效率。

另一种是具有战略导向的业务活动,比如品质保障体系的完善、大财务管理体系的建设和IT系统的升级等,可能当下并不能带来增值,但在未来会为企业创造价值。针对这种费用的额度控制原则是:费用倾斜,饱和攻击。

不增值业务分为三类:管理不善造成的、受制于当下条件不能取消的以及虽然不增值但并不能取消的。接下来,我们分别详细讲解一下。

第一类,管理不善造成的。如企业一些非战略方向的不赚钱项目,常见的八大浪费包括过量生产、过量库存、不必要的搬运、过度加工、等待、过多的动作、不良和修理、管理等。针对这类管理不善造成的、既不增值也不创造任何价值的业务活动,用额度控制费用的原则是：坚决拒绝、消灭此类业务。

第二类，受制于当下条件不能取消的。比如，由于货物销量有限，只能小批量发货。在运输、中转的过程中，会产生耗费。但这种耗费是不可避免的，也无法取消。因此，对于这类业务活动的总体原则是：控制产生，寻找机会削减、优化。比如，海底捞就通过增加美甲、擦鞋、游戏代打等服务，将客户等待就餐这项不增值的活动，变成了增值的活动。

第三类，虽然不增值但并不能取消的业务。比如，企业在部分合规方面的花费、上市公司发布的公告等。这些活动本身不带来增值，但是也不得不做。对于这类业务活动，额度控制费用的总体原则是：进行维持，通过优化提升效率。

2. 定额度。

定额度的方法我们可以总结为一个一元一次方程：$Y=aX+b$。其中，X为变量，a是系数，b为固定参数，Y的大小受这三个因素影响。Y就是我们要定的费用额度，aX是变动费用，b是固定费用。有些企业按照销售额的百分比来确定推广费用、销售提成等变动费用，销售额就是X，百分比就是a。

通过"变动费用+固定费用"计算得出的是理论上的费用额度，但企业在实际经营过程中，因为需要调整平衡，所以会加一个调整系数k，那么，公式就变成了：$Y=(aX+b)\times k$，也就是：总额度=（基数×百分比+固定费用）×调整系数。

根据这个公式确定额度，我们分以下两种情况来理解：

第一，先确定"基数×百分比+固定费用"这个部分。对于只有固定费用的业务，采用总额控制。也就是公式中的变动部分"基数×百分比"=0。如薪酬、研发、创新类项目等。

对于可以量化投入产出比的业务，采用比率控制的方法，通过确定公式中的百分比来确定额度。也就是定好比率，额度由基数变化来确定。比如，销售提成一般都是先确定提成比例，然后销售业绩×确定的比率，就是销售提成的额度。

当然，企业很多业务既有固定费用，也有变动费用，那么就可以按照额度总额的基础公式进行额度计算。

第二，调整系数。现实中，可能需要根据实际操作难度（如支付难度），或者业务需要的反应速度，对额度进行调整，这个时候可以设置一个整体的调整系数。比如，异地办事处，老板有时鞭长莫及，就可以给备用金额度设置一个调整系数，以便灵活处理应对一些突发和紧急状况。

此外，还有两种确定额度的方法，一种是小额固定额度，另一种是不给额度。对于不增值，但不能马上取消的业务活动，一般根据实际情况，设定小额固定额度。对于不能直接给客户带来增值，但能为企业创造价值的业务可以采取不定额度、实报实销的方式。相反，针对既不能给客户带来增值，也不能为企业创造价值的业务活动，额度控制的方式就是不给费用、不给额度。

3. 执行与跟踪。

对业务活动设置了分类和控制原则，也确定了费用控制的额度，接下来就是额度的执行与跟踪，常见的有以下两种情况：

第一，额度用多了。①对于增值业务，企业要进行过程控制：分段跟进，总体把控，保持弹性。②对于非增值业务，企业就要采取结果控制：一旦给定了额度，就要保持刚性，拒绝超额度花费。

第二，额度节约了。①对于增值业务，如创新、战略类业务，不鼓励节约，即便节约也不归个人所有，甚至要反馈为什么有节约。②对于可以带来增值的常规类业务，如果给的额度有节约，那么节约的额度归入团队贡献。③对于非增值业务，鼓励节约，并希望能找到好的办法节约，可以归入个人贡献。

除了上述两种情况，其他的特殊事项特殊处理，不纳入额度控制范围。

运用定额成本法控制生产成本

如何用额度来控制生产成本？这里我们用到一种重要的方法，即定额成本法。什么是定额成本法？定额成本法是企业为了及时地反映和监督生产费用和产品成本脱离定额的差异，加强定额管理和成本控制而采用的一种成本计算方法。一般适用于产品已经定型，或者产品品种稳定、各项定额预算比较齐全准确、原始记录健全的企业。

比如，某制造工厂主打产品的投入产出水平仅有87%，远低于同行业91%的平均水平。工厂采取了各种处罚措施来控制现场浪费，但都收效甚微。后来，该工厂引进了定额成本法，依据配比和工艺制定各种材料的消耗定额，生产时按定额领料。定额成本法上线后，工厂的投入产出水平持续上升，不到半年，就达到了92.5%。

那具体该如何实施定额成本法呢？一个大的前提，就是企业至少要能算清账，算清成本。注意，这里的算清，并不是说要把数算得多么精准，而是指财务人员要有大财务的思维，把动因找到，算出真实的成本。

比如，我们一个客户，做了A和B两款产品。A产品销量大，B产品尽管不如A，但销量也不错。两个产品在市场中属竞争关系，老板决定裁减其中一款，让财务人员分别计算A产品和B产品的毛利率。最终得出A产品的毛利率为5%，B产品的毛利率为27.5%（见表3-1）。

表 3-1　A产品与B产品毛利率对比

	财务人员核算 A产品	财务人员核算 B产品	合计	咨询师核算 A产品	咨询师核算 B产品
收入	200	120	320	200	120
材料成本	134	53	187	134	53
人工成本/按量分摊	25	15	40	8	32
制造费用/按量分摊	31	19	50	13	37
毛利	10	33	43	45	−2
毛利率	5%	27.5%	13.4%	22.5%	−1.7%

于是，老板决定主推B产品，让A产品逐渐萎缩、退市。干了一年，B产品也的确表现不错，销量比原来两个产品总和的1.5倍还多。但是，老板很奇怪地发现，好像没赚到钱。为什么？

我们的咨询师一查，很快就找到了问题：财务人员的确没算错成本，却用错了成本计算的方法。财务人员按销量分摊人工、制造费用，A产品销量大，分摊的费用就多。但实际上，A产品装配简单，用的人工少，管理难度也不大；而B产品生产工艺复杂，特别耗人工，设备也贵，折旧高。所以，咨询师重新计算了上一年的成本。通过表3-1可以看出，A产品毛利率为22.5%，而B产品毛利率为−1.7%，成本算错了，结果老板越做越亏。所以说，算清账，算清成本是前提；在此基础上，我们才能用定额成本法，更好地控制成本。

定额成本法的关键，就是制定"定额"，可以通过下面的公式进行计算：

原材料成本定额＝原材料消耗定额×原材料计划单价

原材料消耗定额，来源于产品的BOM表，即物料清单，有时候也叫处方、配方或产品成分表。而原材料计划单价，是以材料实际成本为基础，企业内部事先确定的统一价格。

生产工资成本定额＝生产工时定额×计划小时工资率

生产工时定额一般根据企业内部的生产技术条件制定，而制定计划小时工资率时，除了要考虑产品的直接加工工时外，还应当考虑工人必要的间歇和停工时间。

制造费用定额＝变动制造费用定额＋固定制造费用定额

变动制造费用定额的确定可以参考原材料和工资成本的定额，而固定制造费用定额可以采用作业成本法进行计算。

需要强调的是，消耗定额不是一成不变的，要根据实际情况的变化进行动态调整。比如，某食品生产工厂有一个车间专门制作礼品包装盒，一开始用的是软纸包装，由于纸质较软，每个月纸盒的损耗率在3%左右，所以，每次定额领料都会考虑这3%的损耗；即使改用硬纸包装也没有调整。新的硬纸盒因为不容易坏，所以日常几乎没有损耗，但工厂没能根据实际情况及时调整定额。不到两个月，车间就堆了一堆空纸盒。

所以，定额的制定非常重要，一定要根据企业的实际情况，制定合理的定额，并实时地进行调整。当然，制定了定额之后，就要按照定额去执行，但如果超额了，怎么办呢？这时就需要进行超额管理，根据"料、工、费"的划分，我们将其分为材料超额、人工超额、制造费用超额三种。

第一，材料超额。利用《限额领料单》实行限额领料，若发生超限额的领料，则需要另填《超额领料单》说明原因，经审批方可继续领料。

第二，人工超额。利用生产计件或承包方式进行控制，计件单价根据生产工时定额、计划小时工资率等因素综合确定。

第三，制造费用超额。其中，变动制造费用可以参照材料超额与人工超额进行控制，而固定制造费用控制有两种方法：第一种，把成本按作业对象进行细分，找到影响成本的关键动因。控制关键动因，就可以控制每项作业的成本，从而控制总成本。第二种，参考"实行额度控制费用的三个步骤"一节中讲到的方法。

通过信用额度控制坏账风险

2021年5月30日,上海电气的子公司电气通讯因存在大额应收账款无法收回的风险,造成近83亿元的损失,从而引发一连串的爆雷,而这些企业的共同之处,都是采取"预收10%,预付100%"的交易模式,一旦出现问题,就会形成巨额坏账!

很多企业在实际经营过程中,因商业模式及行业地位的原因,不可避免存在一些情况下的赊销。那既然有应收账款,就会面临坏账风险。如何降低坏账风险呢?用信用额度来控制坏账是一种常见的手段。信用额度,简单理解就是基于我对你的信用评价,决定我能赊给你多少钱。

用信用额度控制坏账风险,首先,确定额度,先进行客户信用的调查与评估。应收账款是对优质客户的投资,而优质客户的认定依据,除了客户实力、预期业绩之外,更重要的是信用调查与信用跟踪。

其次,确定基础额度。基础额度的确定,既要考虑风险,也需要兼顾收益。比如,坏账风险、现金流风险与预期业绩、预期利润收益的平衡。以预期边际贡献为信用额度要注意现金流进出的相符,现金流风险可控;其中,预期边际贡献是指每增加一元销售收入,我能获利多少。以预期利润即销售毛利为信用额度,需注意坏账风险控制在利润范围内。比如,销售毛利=应收上限。

最后，根据信用调查与评估结果，对客户的信用进行评分：最终给予客户的信用额度 = 基础额度 × 风险系数。

确定了最终给予客户的信用额度后，接下来就是实际执行，对额度进行跟踪控制。

首先，可以依据实际情况将客户信用额度的一定比例，设定为阈值，比如80%，或85%、90%等。其次，在系统中设置预警点，客户已用额度到达预警点时自动报警。再次，及时分析确认额度报警的原因，财务首先确认是不是自己内部的原因，比如，确认客户回款信息，查看是不是有回款没有录入等。如果财务方面没有问题，那么，一般有两个原因导致客户额度报警：客户未及时回款、客户业务激增。如果报警是因为客户未及时回款，就及时冻结额度，启动催收程序；如果报警是因为客户业务激增，则需要尽快通知业务人员，进行客户调查。在调查过程中，客户有效额度可以继续使用；同时，根据调查结果，判断是否给这家客户调整额度，重新申请。最后，基于客户信用跟踪，将信用额度调整至合理区间。

关于信用额度的调整，企业事前要确定额度动态调整机制，与业务部门及客户事前约定，信用额度授予后需要动态调整。调整依据之一就是对客户的信用跟踪，主要跟踪客户实际付款是否及时、客户业绩量的变化，以及客户经营情况。比如，客户大股东变更、核心高管离职、客户生产大幅度下降、存货量猛增、客户出现强大竞争对手等。其中，客户付款与发货量最好通过系统自动跟踪，如果系统不支持，可以设计一个Excel表格进行跟踪。

唯一的不变就是改变。信用额度授予后还需要动态调整，动态管理客户信用。根据内外部环境变化、客户信用情况变动等，及时对额度进行变动调整。比如，规定逾期欠款超过60天的，取消额度；对账不清或拒绝对账的，暂停额度；有过两次延期付款的，调低额度；合作以来一直按期付款的，可增加额度等。

控制银行转账风险的三个要点

我想先问问老板们：你的对公账户有额度限制吗？是不是不管金额多少，一点就能付出去？……

用额度来控制银行转账风险，其中一个关键动作就是设置银行转账限额。为什么要这么做？第一，可以框定最大损失。即便是万一出现意外，账户内剩余的钱也是安全的。第二，可以提升管理层的管理效率，降低管理成本。有个老板每天都担心资金会出错，整晚都睡不好。后来，在咨询老师的建议下，老板设立了收支两条线，并对银行转账进行额度控制，很多问题迎刃而解。

那具体该如何用额度来控制银行转账风险呢？有三个要点。

1. 对银行账户进行分类。

根据不同账户的用途，设置专门的账户，由专人负责管理。比如，收支两条线制度在银行存款管理中的应用。

付款账户除了接受固定的内部转入资金外，只用于支付。此外，企业可以建立自己的黑名单，并保持即时更新，黑名单名录内的，无法自动转账。而收入账户除了内部的资金转出之外，只用于收款。所以，可以将对外的付款额度设为0，对内转账则可以设置相应的内部白名单，白名单名录内的，可以不设限额。

2. 设置转账额度。

企业可以通过设置U盾审核环节，让不同级别的人审核不同的支付金额，以保证资金安全。比如，500元以下，出纳直接U

盾支付；5万元以下，财务负责人U盾审核；5万元以上，财务负责人U盾复核，老板U盾审批。需要注意的是，U盾转账限额可以通过网上银行调整；记录、复核、审批等U盾则需要分开保管。

另外，根据企业的需要，可以分别设计每日、每周或每月的限额总量，用于把控整体风险。限额总量一旦确定，就需要严格执行。若业务确需发生，可以申请走特殊审批流程，从而保证资金安全。

3. 针对不同的额度，设置不同等级的管控动作。

在利用总量限额控制的过程中，我们可以按限额的一定比例设置特定的预警值。比如，每日支付限额100万元，预警值可设为80万元，主要用于提示财务管理人员支付限额已临近阈值。

此外，预警值不仅可以在一定程度上保证资金安全，而且还能保障关键业务的支付。比如，某笔大额付款很关键，但是当月的银行转账额度已经达到预警值了，这笔业务又不能延误，就需要提前走特殊审批流程。

再给大家讲一个真实的案例，一家公司的服务器被黑客攻击，通过邮件形式向国外的客户催要货款。客户收到邮件后，及时回复邮件确认，得到了明确回复后支付了2万多美元，邮件询问公司是否收到，也得到确认。付第二笔款10万多美元时，客户联系公司的业务员，说款项超额需要第二天才能支付，这才知道被骗，于是马上报警，最后追回了被骗款项。

从客户的应对和反应可以看出，在付款环节，他们至少有两个管控动作，一是付款后与收款方确认是否收到款项；二是付款时超额，立即与收款方电话沟通。

这个案例也值得我们思考：即便程序这么严谨，这个客户还是会被骗，那没有那么多严谨机制的民企遇到这种情况，也能及时止损并追回损失吗？

控制业务资源投入的三招四式

企业实际经营中，对于不同业务板块的资源投入，其实是一个很大的管理单位，而作为某项业务板块的负责人，也基本上都是企业的大将。"将在外，君命有所不受"，市场千变万化，他需要有足够的权力可以灵活应变，而不必事事请示、事事汇报，以至于延误最佳时机。

当然，这些人负责不同的业务板块，操控的盘子越大，对于风险控制的要求就越高。而用额度控制这种方法去控制资源投入，不仅能充分给到前端授权，大大提高管理效率，而且还能在一定程度上把控风险，做到风险与灵活性的平衡。

华为就是这么做的，他们建议的原则是："优质资源要聚焦于战略客户，向优质客户倾斜。"所谓优质资源聚焦战略客户，其实就是在给额度的时候，对于战略客户，额度控制就会相对宽松，优质客户就多安排额度；对非战略客户则收紧额度。

比如，把资源投入能够保证企业具有长期竞争力、长期增长的产品或市场上，不在非战略机会点上消耗战略性竞争力量。

那如何用额度来控制业务板块的资源投入呢？其实方法很简单。

我们要先确定授予的总额度。

这里有两种确定额度的方法，"定率"和"定额"，如图 3-1 所示。

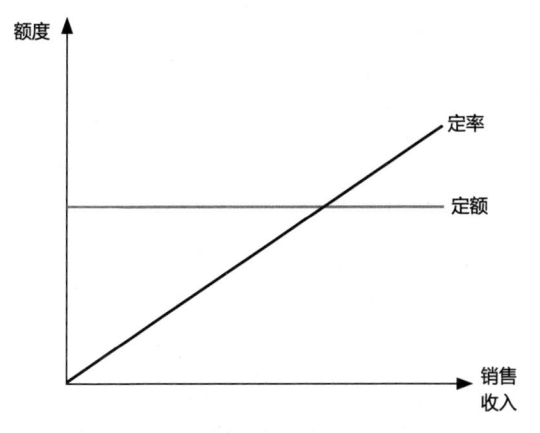

图 3-1 确定额度的两种方法

"定率"法确定额度，就是先确定一个基数，然后再确定一个比例，用基数乘以比例得到的就是额度。比如，以销售收入作为基数，费用比率定为 5%，那么销售收入乘以 5%，得到的就是费用额度。

这是一种扩张性的资源配置方法，随着销售额的增长，投入的资源就会增多，从而鼓励做大销售，主要适用于成熟业务的额度制定。

"定额"法确定额度，就是给的额度是一个固定的数字，无论基数怎么变化，额度都是固定不变的，也就是跟短期的业绩变化没有什么关系。打个比方，销售额 1 亿元，给 2000 万元的额度；销售额 10 亿元，仍旧是 2000 万元额度，这就是定额。

使用这种方法要遵循一个原则，即额度要体现当期投入对于公司长期竞争力的价值。主要适用于战略或变革项目的额度制定，符合战略发展方向和主航道的业务，可优先获得计划额度。

确定了授予的总额度之后，接下来就是给额度了，怎么给呢？弹性授予当期可执行额度。也就是按照既定的目标和总的配额确定当期的资源需求,从而授予当期可执行额度,据此进行额度申请,并按流程完成审批。

什么是"当期可执行额度"?其中,"当期"一般按照财务的习惯,指的就是当月。当然,如果管理单位是按季度或按年计算的话,那就是当季或当年了。"当期可执行额度"可以理解为我这个月给你激活了这么多额度,你可以选择使用它。

什么是弹性授予呢?简单来讲,就是每个期间所授予的额度都不是一成不变的。最终,在每一个"当期",具体授予的额度会因实际经营状况和目标达成情况的不同,以及一些其他因素影响,而发生变化。以"定率控制"为例,在不考虑其他因素的影响下,我们用表3-2进行详细讲解。

表3-2 定率控制示意表

销售目标 12000
费用率 10%   定率控制
预计总额度 1200

单位:万元

期间	目标收入	每月预计额度	最高可拨付额度	实际拨付	实际完成	实际业绩对应的额度	累计结余额度
第1个月	500	50	50	50	1500	150	100
第2个月	600	60	160	120	300	30	10
第3个月	1200	120	130	130	1500	150	30
第4个月	1500	150	180	120	1300	130	40
第5个月	900	90	130	130	1000	100	10
第6个月	1000	100	110	100	1200	120	30
第7个月	900	90	120	100	1000	100	30
第8个月	1200	120	150	130	1500	150	50
第9个月	600	60	110	80	900	90	60
第10个月	1000	100	160	120	1300	130	70
第11个月	1600	160	230	200	1800	180	50
第12个月	1000	100	150	120	900	90	20

某公司一年的销售目标是1.2亿元，费用率为10%，预计总额度就是1200万元。假设额度执行是按照每个月给的，不同的月份对应的目标收入也有差异。若第1个月目标收入为500万元，预计额度和实际拨付额度都是50万元，但实际完成了1500万元的业绩，按照10%的费用率，实际业绩对应的额度应该是150万元，但实际只拨付了50万元，那么就会产生100万元的额度结余。第2个月的目标收入为600万元，预计额度为60万元，但因为上个月有结余的额度，所以最高可拨付的额度有60万元+100万元（上个月结余）=160万元。根据市场预测和判断，公司实际上只拨付了120万元的额度。最终，这个月的实际完成业绩只有300万元，对应30万元的额度。第1个月和第2个月的实际业绩总和为1800万元，两个月对应的额度合计为180万元。但是由于公司已经拨付了50万元+120万元=170万元，所以第2个月累计结余的额度只有10万元。以此类推，我们可以在表3-2中看到，每个月授予的额度即当期可执行额度，在各种因素的影响下，都是弹性变化的。

同时，为了应对市场意外和一些不可预料的风险，可以适当在当期可执行额度的基础上，设置风险准备金。然后，将已经确定了的"当期可执行额度"，固化到流程、制度或系统软件中。

既然给了当期可执行的额度，也有了风险准备金以应对突发情况和意外，接下来，就是要在当期可执行额度内开展业务。

一般对于成熟业务，依据"定率"法确定额度，业务开展要控制在额度内，不能超额。同时，鼓励战略或变革项目充分利用额度，如果出现新的机会点，或不可预计的风险发生，可以允许重新申请额度。

最后就是监控额度的执行过程，在用额度控制业务板块的资源投入过程中，进行不断跟踪、反馈、检讨、评价和复盘。

我们一起来看看华为是如何利用额度，通过"拧毛巾三招四式"的组合方法有效控制业务板块资源投入的。

"拧毛巾"第一招：制定平台组织费用额度"高压线"。

"拧毛巾"第二招：弹性额度，"拧"转亏损局面。

"拧毛巾"第三招：管住有权签字的人手中的笔。

第一式：战略投入额度单列，专款专用，"再穷不能穷战略"。

第二式：客户界面与内部运营分开，"再省也不能省客户"。

第三式：人员费用与业务性费用分类管理，谨防"眉毛胡子一把抓"。

第四式：责任中心与资源部门互相"PK"，建立结算机制。

华为针对不同部门的业务特点，对各平台制定了差异化的基线。比如，整个流程IT领域的费用投入占公司总收入的比重不能高于百分之几。在基线约束的基础上，当时还提出了另一条"高压线"——费用额零增长。就这样，一个一个部门去抠，一项一项费用展开去分析，通过两次评审，将集团平台费用预算砍掉了6639万美元。

我们还要注意一点，额度控制一定要有授权支持。想要保证额度控制有效，关键就在于授权。比如，有些公司权力过于集中，导致机构臃肿、效率低下，这时候我们就要通过权力下放来增强额度使用的灵活性和自主性，提高管理效率。额度本身就是一种授权，如果老板只是口头给了额度，但是到真正用的时候，项目负责人并没有权力调用，依然需要层层审批，甚至根本拿不到额度，这就没有授权支持，额度给了等于白给。

额度控制执行的常见问题及解决方法

企业在实际经营过程中,往往会面临各种各样的问题或阻碍,那如何保证这些额度控制方案能够顺利落地呢?

我们将企业经常会面临的问题和阻碍大致总结为以下四种:

第一种,老板不遵守自己制定的规则和制度。

有时,额度控制方案执行过程中遇到的最大阻力来自老板。老板权力最大,所有的规则在老板面前都不是规则。比如,额度授权给了财务,执行过程中,额度不符合要求,被财务拦下来了。结果一扭头,老板开了个绿灯——那就等于财务没拿到额度授权。

针对上述情况,我们的建议就是老板要尊重对财务的授权和自己制定的规则。尽量用新的规则代替开后门,以身作则,树立规则的权威性。比如,一段时间内,总是有业务员开辟新订单或新客户时需要30天的账期,且不止一次找老板走特批,但公司以前的账期最长只有10天,这时老板就可以制定一个新的规则:当客户满足一定的条件时可以授予30天的账期。

而财务要尊重老板的权威,如果老板必须有后门,尽量帮老板把后门变成规则。

第二种,额度给了就不管了,管多了员工觉得老板不相信自己。

老板们切记，失去监管的额度控制是很危险的。

比如，老板把客户信用额度的控制权下放给了业务员，美其名曰"我相信你"。这么做是相当危险的。如果业务员可以控制额度，当他想促成某笔生意或保住某个订单时，只要客户提出账期，他肯定同意赊销。至于赊销会给公司和老板带来什么样的不利后果，就不在他考虑的范围内了。

但对于公司来说，失控的额度会带来什么样的结果呢？

如果一个公司不能对给予客户的账期额度进行有效的监管和控制，时间久了，公司的应收账款就会越积越多，最后不仅利润会被应收账款拖没，资金链都有可能断裂。

第三种，额度给了，但控制的这个人靠不住。

用人来控制额度，靠不住的原因有很多，其中比较常见的有三种：授予额度的人没讲清楚，执行的人也没理解；人的能力不够；人性本身的限制。

如果授予额度的人没讲清楚，执行的人也没理解，那么在给人额度之前一定要讲清楚你给的是什么权力。管，可以是决策（即审批）、执行、监督、记录、检查、保管；是其中一项还是几项。而控制也不能简单理解为审批，可能是领导做出了决策，只是需要一个人把开关打开；可能只是负责监督、预警；也有可能是负责检查、保管。

如果是人的能力不够，那就换个合适的人来执行额度控制。

人都有劣根性，人来控制额度，不可避免地会面临一些人情世故，也不见得完全可靠，但很多老板无形之中都选择了跟人较劲，最终费时费力，也不见得真的管好了。更好的方式就是将额度控制固化到软件系统中。

首先，管理层要根据实际情况，确定额度的制定规则。其次，把相应的额度控制规则设置在软件系统内。最后，由软件系统自动判断是否超出设置额度，额度以内的，走额度内审批流程；额度以外的，走超额的分支审批流程。

这样，合理利用软件系统，既减轻了财务的审核压力和工作强度，同时也大大减少了人情的阻力，降低了舞弊风险，提高了管理效率。

就像税务局原来没有金三、金四系统的时候，查谁不查谁，靠人为判断，我跟你关系好，可能抽的时候就抽不到你。但是上了金三、金四系统之后，是靠电脑系统既定的规则选案，选好之后直接发送给省局，省局再发给市局，规定哪些企业必须查。

是要人来控制额度还是用系统来控制额度？

用人来控制额度的优点在于人相对有灵活性，遇到特殊情况可以随机应变。但总会有人考虑不周的地方，容易出现偏差、错误，而且往往会被人情所牵绊，容易出现舞弊风险。

用系统来控制额度虽然可以完全避开人情世故，但系统毕竟是机器，不能完全替代人做管控，也难以控制全部流程，总有未覆盖到的情况，而且调整程序较为复杂。

到底用什么方案呢？这就需要综合考虑成本、收益、风险三方面的因素以做出较为合适的选择。比如，当控制点还不是那么清晰的时候，建议使用人来做管控，而控制点变清晰后，就可以切换到系统来使控制方案落地。

当然，我们也可以采取"人+系统"共同控制的方法，以更好地保障额度控制落地执行。

第四种，方案也有，人也安排了，但是落地效果还是不好。

额度控制的方案确定后，还要做到三点：执行的偏差跟踪与调整、偏差原因分析与纠偏、额度优化与调整，这样才能保证方案的落地效果。这是额度控制的最后一步，也恰恰是很多老板最容易忽视的一步。

某公司差旅费占费用支出的比重很大。该公司根据业务特点对各业务的差旅费用制定了差异化的额度标准，并且要求每个月财务和业务共同开会，跟踪费用的执行情况。一开始，大家都认为给了额度就按额度执行，开会则浪费双方时间，但恰恰是通过每个月的跟踪分析会，还真发现了问题和机遇。

东南事业部的差旅费用最近两个月都在超标，通过会上的分析追溯，发现是业务那边最近正在开拓欧洲的战略客户，虽然差旅费用超标，但是每个月都有阶段性的进展。于是，财务就把异常原因的分析结果反馈给了 CEO、事业部总经理和财务 VP 等。所以，在第一个月发现异常之后，就针对这个事项及时调整并制定了新的额度控制方案。如果没有及时地跟踪分析和调整，会不会造成财务、业务天天吵架，欧洲客户的开拓进度也被拖延呢？

想要保证额度控制方案顺利地落地执行，老板就要尊重规则，然后合理授权，匹配合适的人，再不断进行跟踪检查。

实战思考

额度控制是一种很普遍的方法，不光是企业用，政府也在用，而且用得更多。长期以来，根据法律规定，地方政府部门每一年的预算都是视上一年度收支情况而定的，如果一个单位去年预算是 1000 万元，只花了 800 万元，节约下来的 200 万元不仅全部上交，而且第二年的预算可能会因此削减为 800 万元。所以，我们经常见到如下报道，"财政部有关负责人在集中解答公众关心的热点问题时，针对媒体报道的部分单位年底乱花钱现象表示，要坚决制止'年底突击花钱'"。

其实，这种现象在企业也经常出现。

各位读者，你觉得为什么会"年初争额度，年底争花钱"？你们的企业有这种问题吗？

第4把刀

人事控制：
通过人来控制事

人治是必要的内控手段

内控第 4 把绝杀刀是人事控制，通过人来控制事。把合适的人放在关键的岗位上，控制过程和风险，从而达成目标。可能很多老板要问，这不就是人治吗？还需要讲吗？你还别说，真的需要讲。有的老板认为人治太低级，是规范管理的绊脚石；还有的老板认为要法治，就不能要人治。其实，这些都是内控建设的误区。

不错，建制度、理流程这些法治手段，的确是控制企业经营风险的重要方法，尤其是对于企业中"诱惑大""分蛋糕""容易扯皮"等地方，很有效果。比如，财务、采购等部门，需要面对大大小小的诱惑；绩效考核、薪酬激励等涉及利益分配；多部门合作时容易出现分歧，一出问题就踢皮球……

但是，企业里制度、流程再精细，也总有管不到、管不好的地方。并且，如果员工只按指令行事，那和机器也没什么区别。所以人治，也是经营企业的重要手段！用好人、用对人，更是内控的一把绝杀刀。

企业中第一个必须人治的地方是弹性比较大的、需要发挥人的感性和灵性的地方。有些事情按照制度办，不一定能办得成，这时就需要发挥人的感性和灵性。比如，员工按公司规章制度流程向客户催款，客户总是不愿配合。但是公司找个能言善道的员工陪客户聊聊天、吃吃饭，客户可能就愿意付款了。

企业中第二个可以人治的地方是创造性的工作，比如研发、销售市场开拓等。Google公司的X实验室、小米的探索实验室和金财的研发中心的共同点在于，它们不像公司其他部门那样需要遵守太多条条框框，它们的使命就是发散性创造。华为也倡导让离客户最近的人指挥战斗，就是给销售人员能充分发挥的空间，可以随机应变，做出最好的选择。

企业中第三个可以人治的地方就是对高素质、高境界的人的管理。微信的缔造者张小龙不想去深圳上班，马化腾直接在广州给他成立了办公室，还公开表示："我不在乎张小龙爱睡懒觉、上班迟到或者利用上班时间玩游戏等，我只担心他被其他公司挖走。"

所以，人治也是经营企业的重要手段。经营企业既要法治，也要人治。二者结合，才能控制住风险，做活企业。

接下来，我们就从人事控制的"人、事、控制手段、环境"四个要素出发，看看有哪些老板容易踩的坑。

第一个坑，用错了人。

2013年，一家公司被福布斯评为"中国非上市潜力企业100强"，老板非常激动，开始谋划上市的相关事宜。他认为手下的员工素质不高，可能会是上市的阻碍，于是花费三年时间对经营团队进行改造，将总经理、部门总监等全部替换为职业经理人。本以为这种改造会加快公司上市的步伐，但由于新的经营团队默契不足，彼此间充满敌意，公司的业绩反而连年下滑，甚至比三年前还要差。老板想要促成公司上市的想法本身并没有错，但是选错了人，最终酿成了苦果。

第二个坑，不会安排事。

我们常说要会选人、会用人，但是把人选出来后不会用、不珍惜，人才也会用成废才。

一家新媒体公司有个做运营的大咖，是公司一手培养起来的人才，在客户间的口碑也很好。公司为了表达对他的重视，于是给他升了职,让他负责公司核心业务——直播。但这个大咖的核心能力不在直播,业绩很一般,大咖心情失落,选择了离职。离职后,他和其他人合办了一家公司,还是负责运营,半年以后,成功让公司估值过千万。

第三个坑,用人不疑,疑人不用。

很多时候,老板是用这八个字给自己找借口,看到"用人不疑"四个字,就把事情都推给员工,自己当甩手掌柜。结果出了问题,又不敢甩手不管了,看谁都心存怀疑。

海尔的创始人张瑞敏曾指出,现如今正确的管理手段,应该是"用人要疑,疑人也要用"。

"用人要疑"说的就是要有控制手段,对再信任的人,也不能没有监督,不能没有控制。只有疑问在先,才能把意想不到的风险控制到最低。用哲学里的一句话说,就是"没有绝对的自由"。

"疑人要用"说的是老板在不够了解员工人格、能力的情况下,要仔细观察、选拔。要敢用疑人、会用疑人,如此才不会浪费、遗漏人才。

第四个坑,老板只想着用人控制事,忽视管理体系、机制和文化的建设。

有的老板喜欢研究厚黑学、操纵论,导致企业部门之间缺乏信任,沟通成本极高。

所以,人治可不只是个土方法。老板如果掉进以上四个坑,可能就会错过人事控制这把宝刀。

人治的应用环境

人治用对了，的确是很好的控制方法。有的老板可能看了我们的书，上来就想用人事控制这把刀，结果却事与愿违。到底是人治还是法治？很多老板自己也搞不清楚，网上有观点说"小企业用人治，大企业用法治"，到底应该如何选择？或者说，人事控制这把刀的正确应用思路到底是怎样的呢？

老板想要在企业实行人事控制，最先要考虑的就是环境因素。企业信息透明度很高，职责、流程特别清楚，沟通也很顺畅，说明企业环境非常好，那就继续保持"法治"。

比如，万科设有廉洁风险防控体系，包括职员潜在利益冲突申报平台、公司内部举报渠道、廉政认证考试、与合作方的阳光合作协议，以及定期、不定期的检查制度等。以检查制度为例，一线老总离任，一定要进行审计。另外，总部会不定期派人到各地的分公司进行为期一个月的检查，分公司原本的总经理则需要休假回避。因为这些制度，在万科成立的39年间，没有一个高层管理人员因收受贿赂而受到法律惩罚。

很多老板在企业做大之后找到我们，希望我们能帮助企业把流程理顺，界定职责和权限，从而让所有工作都能有章可循、有法可依，实现企业管理从"人治"向"法治"的转变。

管理=系统+人，也就是说，系统越完善，对人才的依赖性就越低，越可以解放老板的时间和精力。所以，有些老板希望把公司一切工作都交给系统管理，但"法治"是否真的可以解决企业的一系列管理问题？

2014年，华为查实内部有116名员工涉嫌腐败，终端业务出现上亿元受贿个案，涉及69家经销商，其中4名员工被移交司法处理。华为有"CEG"（物料专家团）和IBM帮助其建立的先进的供应商认证、选择、评价流程，还有流程责任人管理机制、流程审计机制。华为的供应商管理流程、制度肯定比大部分企业都完善、优秀，为什么还是会出现涉及金额上亿元的贪腐案？

"法治"其实就是流程、制度，有的老板的终极梦想就是企业没有部门、没有领导，只有流程，所有人、所有工作围绕流程展开。但事实上，涉及该梦想的大部分的案例是失败的。国外有个管理大师做过调查，凡是完全依靠流程的企业，有70%都是失败的，甚至结果比没有流程的时候更糟糕。

所以，企业管理需要"法"是毋庸置疑的，但完全依赖于"法治"则又走向了另一个极端。企业管理应该是"法制"基础上的"人治"。"法制"是指企业应当建立相应的流程、制度，而管理者则是通过应用这些流程、制度去管理公司的经营运作，而不是让"法"来代替管理者。"法"再健全，最终也要靠人去遵守和执行。

宁高宁说过："过去我们经常说要靠体系，不能靠人，到现在我越来越要相信，成功的企业还得靠人。"

所以，如果用制度与流程控制管不好，就要采用人治的控制手段。控制手段一旦升级，对人的要求就降低了。常见的控制手段包括系统控制、设备控制、内控11把刀等。这些控制手段，可以单独使用，也可以组合使用。

环境确认了，老板也打算利用人事控制这把刀提高控制手段了，就考虑三步走：第一步，识别关键岗位；第二步，找到合适的人；第三步，把合适的人放到关键的岗位上。

关键岗位的识别标准

关键岗位就是在客户价值、战略目标、流程执行、组织发展等流程中起关键作用的岗位。如果某个岗位能够控制风险，并且是控制风险的最后一关，那么，它就可以被称为关键岗位。

企业经营常见的风险包括财务风险、法律风险、市场风险、流程的不合理、人才的浪费、客户满意度降低等，老板可以从这些角度出发，判断企业中哪些岗位属于关键岗位。比如，U盾审核既可以控制风险，又是付款的最后一关，如果出了差错，就会给企业带来极大的损失，因此，它肯定是关键岗位。又如，如果采购这个岗位既能敲定采购价格，又是与供应商对接的最后一关，那么它也是关键岗位。另外，餐饮店的服务员、电商行业的售后、出厂品保（FQA）等岗位关系着客户满意度，也应该是关键岗位。

当然，关键岗位的设置还需要考虑平衡成本和其能带来的收益。如果是花大力气控制小风险，就没有必要了。

按照判断标准梳理，企业里的关键岗位不会很多，通常不会超过企业所有岗位的20%。如果超过了这个数字，老板就要思考是不是管理、流程有问题；同样，如果老板是唯一的关键岗位，那老板得考虑一下自己的身体能否吃得消。

以上两种极端情况是老板梳理关键岗位时经常踩的坑。我们展开说说。

第一种：关键岗位非常多，老板觉得什么都是关键岗位。

浙江一家包装制品厂的流程卡点设置得非常"严密"，供应商送货、仓管可以拒收、料检可以拒收、生产可以退货、制程检验也可以退货，甚至设备操作工人也能左右供应商的选择。这样每个人都能说了算，都成了关键岗位，老板反而变成了最不关键的。义乌某工厂的老板怕仓管员在发货时搞小动作，于是派保安盯着仓管员装箱；后来老板又担心保安和仓管员串通，于是又派自己的秘书盯着。老板总是不放心，总想使用"人盯人"模式，每个岗位都成了"关键岗位"。

出现这种情况，是由于流程不顺畅、职责不清楚，也就是企业的环境有问题。老板们再想想，如果在付款时需要财务经理进行U盾审批，那么出纳就不是付款的最后一关，也就不是关键岗位。一旦某个岗位被认定为关键岗位，管理资源就会向其倾斜。如果把重要的资源都用在非关键岗位上，岂不是用大炮打蚊子？所以，如果把非关键岗位认定为关键岗位，就会造成管理资源浪费、管理混乱和效率低下等问题。

第二种：企业只有老板这一个关键岗位，什么事情都是老板说了算。

出现这种情况，说明老板把很多关键岗位当作了非关键岗位，最终将导致企业经营风险无法控制，员工无法发挥自己的才能，所有重担只压在老板一个人身上。

金财有一个学员经营了一家制造企业。从企业成立那天开始，销售、采购、生产三个部门就是各做各的工作计划，几乎从不互相沟通，只通过老板组织的部门会议进行对接。这不仅导致三个部门工作严重脱节，还加重了老板的工作负担。咨询老师在了解情况后，建议老板设置一个名为PMC的关键岗位，统一负责整个公司的计划管理。负责这个岗位的员工需要根据销售的预测信息制订生产计划，再用ERP制订采购计划，保证产销协调。只通过添加这一个岗位，就解决了企业各部门割裂的问题，同时在极大程度上解放了老板的时间和精力。

游乐场的清洁工是关键岗位吗？在迪士尼乐园，清洁工就是关键岗位。迪士尼乐园的老板认为，清洁工直接和游客打交道，其一言一行都在为游客创造价值。所以，迪士尼乐园的清洁人员不仅要学习如何打扫园区，还要熟记园区所有设施的位置，掌握急救小知识和简单的手语，懂得如何照顾孩子，等等。

　　如果老板不能清晰地定义自家公司的关键岗位，不能确保这最后一步能把价值传递给客户，前面99步走得再辛苦又有何用？除了无法清晰划分关键、非关键岗位外，还有一些老板误以为关键岗位是固定不变的。其实，关键岗位是动态的，企业面临的风险变了，控制风险的方法变了，关键岗位自然也会随之发生改变。

　　比如，厂里负责发货的员工需要按照订单备货、点数、交接、签单。这个岗位本来属于关键岗位，但工厂使用仓储管理系统后，发货岗位就只需给货物扫码，对员工的要求降低了许多，自然也就算不上关键岗位了。又如，对于大多初创企业来说，做产品的人非常关键；当企业需要扩张时，运营团队、销售团队会更重要；当企业需要成立分子公司时，各个事业部独立运营，带团队的岗位又成为重中之重。

　　所以，行业不同，企业发展阶段不同，面临的风险不同，关键岗位也会不同。老板可千万别图省事，就把关键岗位"定死"了。

　　关键岗位一定都是被识别出来的吗？其实不然，还可以基于企业战略、风险控制与效率的平衡，通过优化流程设计，进而来控制事。比如，某企业每个分公司的出纳都是关键岗位，都可以直接付款。分公司数量少可以这样操作，如果有十几家分公司又该如何管理？这时就可以考虑优化流程，把最后付款的权力给负责U盾审批的岗位，新的关键岗位就诞生了。

　　总之，老板想用好人事控制这把刀，就一定要识别清楚关键岗位。关键岗位必须能控制风险，且是控制风险的最后一关。

选对人的判断模型

看人这件事，怎么说都有理，方法也非常多：凭感觉、拍脑袋、看眼缘、信老乡……别觉得这些方法太主观，很多有名的老板都在用这些招数。比如，张勇绘制的海底捞"标准"员工画像，概括下来就是不怕吃苦、不能赌博、孝顺父母；雷军创立小米时，到处请高手吃饭，以此来判断此人是否适合自己的公司。

当然，判断人合适不合适，老板既可以凭感觉掂量，也可以客观地判断。以下给大家介绍两个工具：老板的"感觉"和"合适人选五维判断模型"。

一是老板的"感觉"。摸东西有手感、学语言有语感、打球有球感，看一个人也会有一种感觉。每个企业都有各自的风格，老板创业多年，一定也有适合自己企业特色的用人套路，所以我们可以把对人的感觉具体放到一些指标上进行打分。比如，宁高宁在选人时就格外注重其是否精力充沛、敢不敢冒险、能否做到高瞻远瞩等。

老板或核心高管可以把过去沉淀的、适合本企业的选人经验进行总结、归纳，并将其量化成指标，形成企业日后选人的标准或规则，从而使人才更加适应公司和岗位。

二是"合适人选五维判断模型"（见图4-1），帮助老板客观判断"这个人到底合不合适"。

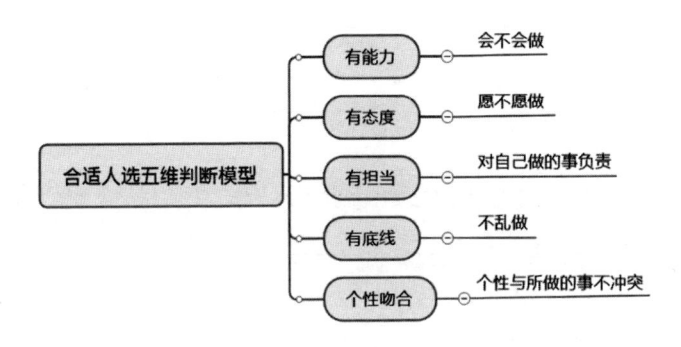

```
合适人选五维判断模型 ─┬─ 有能力 ── 会不会做
                    ├─ 有态度 ── 愿不愿做
                    ├─ 有担当 ── 对自己做的事负责
                    ├─ 有底线 ── 不乱做
                    └─ 个性吻合 ── 个性与所做的事不冲突
```

图 4-1　合适人选五维判断模型

第一个维度，能力。 我们根据"能力素质模型"，把能力分为三类：第一类，通用能力，也就是该员工胜任本职工作的能力；第二类，可转移的能力，也就是该员工能不能身兼数职；第三类，独特的能力，也就是该员工有没有从事某些特定岗位的能力。

比如，某财务人员非常接地气，能用通俗易懂的语言把专业的数据和术语向老板解释清楚。因此，不管是内部会议还是外部会议，老板都需要他这个"会说话的军师"。

有些老板会认为，对能力这个维度的判断较难。在这里，我提供行为分级技术这一工具，帮助老板对员工的胜任力进行评估，如表 4-1 所示。

第二个维度，态度。 就是看一个人工作态度怎么样，我们可以根据以下标准进行主观评分：主观上极度讨厌工作算作 0 分；不主动做好工作，但也不捣蛋的，算作不及格；工作态度和行为没有异常的，勉强及格；态度热情且行为积极，就是高分；各方面都非常卓越的，才是满分。

老板们不妨判断一下自己企业的财务人员的工作态度，是主动与老板沟通，还是整天待在财务部抱怨、生闷气？如果员工评分大多徘徊在及格线，高分、满分较少，那么老板就要反

表 4-1 不同级别员工行为标准框架

级别	行为标准框架（示例）	
高级（五级）	对事的管理	清晰把握公司战略方向，组织或作为核心成员参与制定公司3~5年的中长期发展战略规划，提出公司战略目标、商业模式及路线图，拟定重大战略举措及资源需求、风险防范措施，并组织分解落实
	对人的管理	根据战略和业务发展，明确中高级人才选拔任用标准，组建中高层管理团队，指导制定公司或核心业务领域的人力资源需求规划，明确公司激励政策的原则
	对组织的管理	组织或作为核心成员参与塑造公司的使命、愿景和核心价值观等企业文化的核心要素，发起公司业务与管理的重大变革，以及建立公司或某核心业务领域的组织架构、流程架构
中级（四级）	对事的管理	组织制定本部门的发展策略与运营管理制度，在公司总体战略框架下，组织制定本部门的发展目标、计划、重大举措及资源需求、风险防范措施
	对人的管理	选拔和培养所辖部门的人才，创建部门人才梯队和团队氛围，推动本部门团队的跨部门协作
	对组织的管理	根据公司的核心业务流程架构和公司组织架构，承担本部门的核心业务流程、组织架构的构建和运作管理
初级（三级）	对事的管理	主导制订本部门的年度工作计划，带领团队完成任务的全过程管理，包括工作任务分配、过程监控等。组织协调相关资源，解决工作中的具体业务问题
	对人的管理	选拔团队人才，负责所辖团队的人才培养和人才激励，倾听员工诉求，合理分配工作任务
	对组织的管理	参与本部门内的管理变革项目，理解并传递公司的文化导向，带领团队按照业务流程和制度规范的要求开展工作，参与设计团队架构和岗位说明书，明确团队的职能定位
资深专家（五级）		• 具有系统全面或精深的知识和技能 • 能够洞悉和准确把握本专业的发展趋势，根据公司的战略规划制定专业发展规划 • 能够对公司核心业务领域的战略制定或重大经营活动提供决策支持或专业解决方案 • 推动专业水平的发展，专业水准为同行认可
专家（四级）		• 对某领域有深刻而广泛的理解 • 具有创新思想和方法，可以解决本专业领域的疑难问题 • 能够对核心业务领域的经营运作提供专业化支持 • 作为资源为他人提供有效指导
骨干（三级）		• 具有某一领域的技术专长 • 主导完成本专业领域工作，指导开展常规、例行化工作 • 能够设计、优化某一模块的规则、制度，并推动实施 • 为他人提供一些专业支持
有经验者（二级）		• 具有独立完成工作所需的知识和技能 • 独立完成常规、例行化的工作 • 能够独立解答所负责模块的相关原则、制度等一般专业问题 • 执行公司标准、流程和制度规范
初做者（一级）		• 学习本岗位工作所需的知识和技能 • 具有基本的技术和胜任力，在他人指导下承担简单或辅助性工作

思一下为何自己企业的员工工作态度消极,以及又该如何激发员工的工作动力。

研究发现,当同时满足员工的物质、精神、超越自我等需要,让他看到学习、发展、晋升等机会,并拥有知情、参与、决策等权利时,员工工作意愿才最高。

第三个维度,担当。某个做速冻饺子的工厂用于运输的冷冻车坏了,客户又非常着急要货。物流经理在征得客户同意后,打算借用隔壁工厂运输蔬菜的冷藏车发货。品控部门却不同意并列举了多种风险:冷藏车的温度会对产品质量产生影响;冷藏车的卫生条件不一定达标;这批饺子出问题了,最后会由品控部门担责。

老板们觉得这个员工有担当吗?真正的负责是评估风险与收益,而不是只想着如何逃避责任。企业在面试时可以使用"STAR行为法"判断员工是否具有担当。S代表situation(情景),指的是面试者过去工作的背景情境;T代表task(任务),指的是面试者曾经承担的工作任务或角色;A代表action(行动),指的是面试者在过去工作中具体的操作和执行;R代表result(结果),指的是面试者曾经做出的成绩。

第四个维度,底线。对于没有底线的员工,企业最好扼杀在面试环节。比如,让应聘员工在面试时谈谈对前任领导的看法,以及应对矛盾冲突时他会如何解决,还可以对应聘员工背调,了解该员工离职的原因、上一份工作期间的表现等。老板只有尽早摸清员工的情况,才能以最小的成本选对人。

第五个维度,个性。个性要与所做的事不冲突。比如,金财在面试员工时会用到性格色彩测试。红色性格代表开朗、热情,适合做销售;黄色性格目标感强、有冲劲,适合当领导;蓝色性格严谨、保守、爱钻研,适合搞研发;等等。

性格无好坏，关键是放到什么位置。一般来说，性子急的人行动力很强，适合做开拓性的工作；性子慢的人善于思考，适合做规划类的工作。外向性格的人通常擅长与人打交道，而内向性格的人适合做研发、技术类的工作。企业在用人时要充分考虑每个人的个性特点。另外，有些工作需要不同个性的人搭配完成，形成优势互补。比如，华为的"狼狈计划"。狼善于进攻，狈善于谋划。通常一把手像狼一样拓展市场，二把手像狈一样做好内部规划与管理。

判断一个人的性格的确不是一件简单的事。图4-2和表4-2分别为领导行为、风格与员工关系，可以帮助大家解读人的性格。

根据图4-2与表4-2，同时结合员工的准备度的高低，我们可以由低到高，将员工分为四个级别：第一级"没能力，有意愿"；第二级"没能力，没意愿"；第三级"有能力，没意愿"；第四级"有能力，有意愿"。

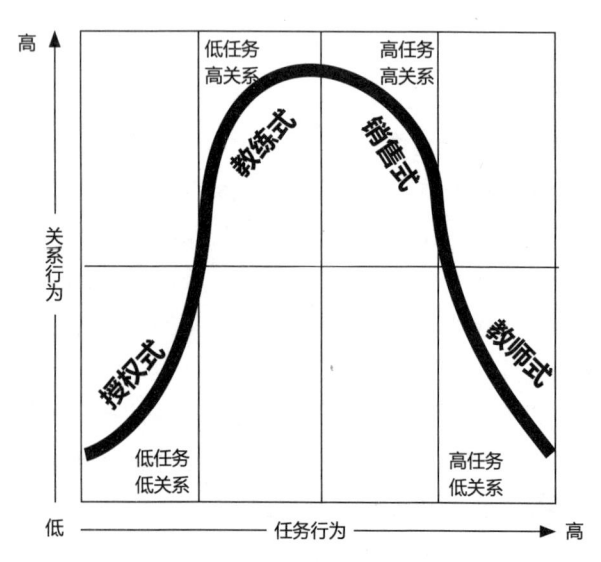

图 4-2　领导行为与员工关系矩阵

表 4-2 领导风格与员工关系

领导风格	领导行为	员工状态	员工表现	发展影响	关注点
教师式	挑战现状 & 共启愿景	不知道自己不知道	防御、不满意、冷漠	告知、教授、沟通、分析原因	目标概况
销售式	以身作则	知道自己不知道	逃避、焦虑、棘手的问题、害怕失败、信念缺失、缺乏自信	展示、示范、执行、成果展示	短期目标
教练式	激励人心	知道自己知道	困惑、接受反馈、提问、觉察	观察、反馈、教练、强化、认可成功	中期目标
授权式	使众人行	不知道自己知道	前瞻性、权力归属、不怕失败、养成习惯、创新、放松	延伸拓展、回声板、评估成功、提问如何达到	长期目标

教师式领导所对应的员工通常处在第一级"没能力，有意愿"阶段，当面对来自领导的命令和指示时常会表现出防御和不满等情绪。对此领导者应充分与其进行沟通，在肯定被领导者工作热情的同时，引导其找出自身能力的不足，并有针对性地进行教授和指导，引导员工将未来的关注点放在了解目标概况上。

销售式领导所对应的员工通常处在第二级"没能力，没意愿"阶段。在自己未知的事物或是棘手的问题面前，员工总会表现出焦虑和不自信，害怕失败，逃避问题。对此领导者应对员工进行劝说，适当地给出工作上的示范和指示，引导员工将未来的关注点放在设定和实现短期目标上。

教练式领导所对应的员工通常处在第三级"有能力，没意愿"阶段。虽然能力有一定提升，但由于短期内无法得到肯定或积累成就感，员工开始出现对现阶段的工作感到困惑、情绪低落等现象。应对这类员工，领导者要适时观察员工的工作，并及时给出反馈，尤其是对其阶段性成功进行认可，引导员工将未来的关注点放在设定和实现中期目标上。

授权式领导所对应的员工通常处在第四级"有能力，有意愿"阶段。这一阶段的员工表现趋于标准化和成熟化，因此领导这类员工的重点应主要放在对其能力的延伸和拓展上，引导员工将未来的关注点放在设定和实现长期目标上。

企业根据关键岗位的需求，在五个维度上给予不同的权重，用权重乘以分数得到总分数，以此判断这个人是否合适。

有一个企业家朋友非常看重财务总监的人品。他认为，一个财务总监的能力一般，可以请厉害的咨询老师进行辅导，但是人品是很难培养的。因此，在五维判断模型中，最重要的是有底线，占比35%；其次是态度要好，占比30%；能力占比20%；担当和个性分别占比10%和5%。

识别出了关键岗位，也找到了合适的人之后，老板需要做的就很简单了，只要把合适的人放在关键岗位上，企业管理就事半功倍了。

实战思考

金财的某个学员跟我们讲述了自己的经历：有个客户欠了他们一大笔货款，他们催收了很多次，每次都卡在客户的财务经理那里。要么说发票不符合要求，要么说她不在办公室，或者干脆说没钱。后来，这个客户专门请财务经理吃饭，财务经理抱怨工资低，压力大，说："我是老板的外甥女，但是，外甥女也得吃饭……"

民营企业老板让家人、亲戚、朋友来帮自己一起打天下，是普遍的现象。该如何用好亲朋好友呢？对于这个问题，各位读者，你有什么看法？

第5把刀

业务流程化：
用流程打通赚钱管道

实施业务流程化的四大好处

为什么核心人员离开，公司就倒了？为什么有清晰的战略，执行起来却是困难重重？为什么老板总是被营销、技术、生产部"绑架"？很可能就是因为流程出了问题。如果流程不清晰、不畅通，业务就无法执行。这时，运用好流程化这把绝杀刀，很多业务问题就能迎刃而解。

什么是流程？流程化是什么？流程就是做事的步骤和顺序，做事流程清晰，就算是普通员工按流程做，也能成为优秀人才。我们用麦当劳员工打扫卫生间的流程举例。第一步洗拖把，第二步消毒，第三步拖地，第四步再洗一次拖把，总结出来就是"洗消拖洗"。连打扫卫生间都有如此标准的流程，麦当劳能成为全球知名连锁快餐店也就不足为奇了。

企业只要开门做生意，就一定有业务；有业务，就一定有流程。企业里有流程，但并不是所有企业都做好了流程管理。有些民企的流程非常混乱，老板一产生新的想法，各个部门就快马加鞭地执行，完全忘记了流程的存在。最后，不仅新的业务没做成，原有的计划也被打乱了，企业反而亏损了。该如何改善这种情况呢？需要流程化。

流程化，就是把流程梳理清楚，让各个事项有标准、有依据，大家只要严格遵循流程做事，就可以很好地完成工作。并且，一旦实现了流程化管理，职位与职位之间、部门与部门之间，甚至公司与外部单位之间就可以实现无缝对接和"流水操作",企业就会像上了发条的齿轮那样快速运转,并得到高额回报。

华为有句话特别值得民企借鉴:把能力建设在组织上,把经验沉淀在流程上。华为正是装上了流程化这个齿轮,才能实现几千亿元的营业额,才能保证企业的高速运转。所以,任正非说:"企业的人是会流动、会变的,但流程和规范会留在华为。必须有一套机制,无论谁在管理公司,这种机制不因人而变。"

总结下来,业务流程化有四大好处:

好处一:用规则和流程驾驭人性。

普通的企业靠能人,老板经常被能人"拿捏";优秀的企业靠流程,只要流程好,企业核心竞争力就一直在。浙江有一家企业,老板被技术总监彻底架空,大到新产品的发展定向,小到技术人员的培训,老板都说不上话。那么,产品发展方向应该是由老板定,还是应该由技术总监定?老板又能容忍这样独断的技术总监多长时间?因此,没有好的流程,就无法驾驭人性。

好处二:用流程的确定性应对结果的不确定性。

《中国机长》这部电影根据川航的真实事件改编。当时,在万米高空中,飞机的前挡风玻璃破碎,飞机失控,急速下降。这种危机怎么办呢?航空公司有一整套处理突发状况的机制,机长临危不惧,严格按照标准程序操作,才避免了悲剧的发生。这就是一个用流程的确定性来应对结果的不确定性的典型案例。

好处三:好的流程是达成目标的最短距离。

通过减少中间不必要的流程,持续推进企业的精益化,既能降低成本,又能获得竞争优势。丰田汽车就是这样成为国际金融危机爆发前全世界汽车行业最赚钱的公司的,其供应链成本比美国汽车公司低 8%。

好处四:厘清流程是数字化转型的第一步。

软件是用来装流程的,流程混乱,软件系统就混乱。青岛有一家服装企业，年营业额在2亿元左右，发展非常迅猛。老板花100多万元购买了SAP的B1软件，结果流程没有梳理清楚，软件工程师每天都要根据新的变化调整软件系统。这让软件工程师十分生气，要求涨薪，老板不同意，工程师一气之下辞职了。

数字化是做乘法，需要企业有一个很好的基础。流程梳理清楚了，业务打通了，组织跟上了，再选择合适的软件，数字化才能有效果。

流程，就是做事的步骤。流程化，就是设计好正确的做事路径并将其固化下来，让大家都能正确地做事。

SIPOC：全景视角梳理流程

如何梳理流程，让这个管道有效呢？给大家介绍三个工具：SIPOC、ASME、ECRS。SIPOC是让我们在梳理流程时，聚焦在满足客户需求上，给参与者整体视角，更有助于达成共识。通过ASME表格，我们可以判断流程中的各项活动是否增值。ECRS是流程的梳理工具。这三个工具相互独立，进行流程梳理时也可以共同作用。

SIPOC是质量管理大师戴明提出来的模型，是用于识别核心过程、改进流程的首选方法。由供应商（S）、输入（I）、流程（P）、输出（O）、客户（C）五个部分组成，如图5-1所示。

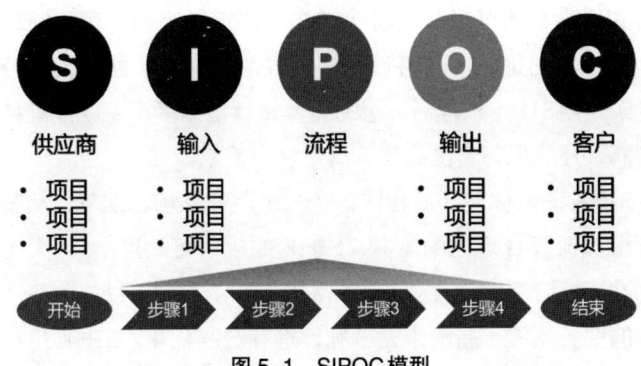

图 5-1 SIPOC模型

举个例子进行详细讲解。老王在小吃街卖牛肉粉，最近牛肉涨价了,让老王很纠结:涨价,可能会流失客户;不涨价,又赚不了钱。该怎么办呢?用SIPOC梳理一下,如图5-2所示。

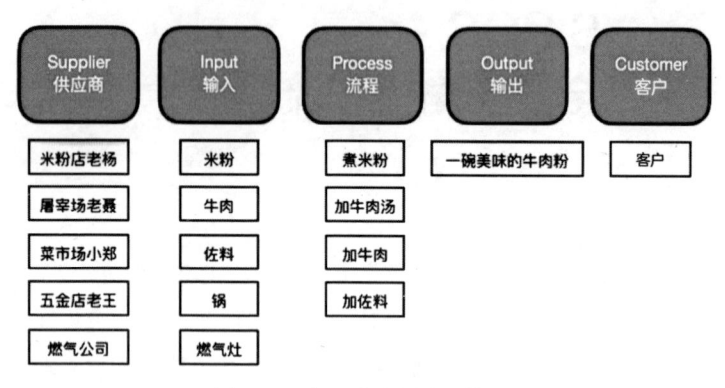

Supplier 供应商	Input 输入	Process 流程	Output 输出	Customer 客户
米粉店老杨	米粉	煮米粉	一碗美味的牛肉粉	客户
屠宰场老聂	牛肉	加牛肉汤		
菜市场小郑	佐料	加牛肉		
五金店老王	锅	加佐料		
燃气公司	燃气灶			

图 5-2 老王牛肉粉流程梳理

牛肉价格上涨10%,导致牛肉粉成本增加。老王要想维持现有利润,可以从供应商(S)、输入(I)入手。如果从输入(I)入手,老王可以选择每碗粉减少10%的牛肉用量。这样做的话,虽然能保住利润,但客户可不会买账。如果从供应商(S)入手,可选择的方法就多了。如老王可以联合其他小吃店一起与屠宰场老聂协商,签订长期的批量供货协议,商定进货价格和质量。还可以与米粉店老杨、菜市场小郑协商,降低米粉和调味料的价格。还可以换掉燃气,选择太阳能这类更经济的能源。用SIPOC梳理后,思路是不是就清晰多了?既能维持现有利润,还能保障输出品质,满足客户需求。

SIPOC图又称高端流程图,是一个跳开立场、细节,从整体角度梳理流程合理性的工具。SIPOC的应用可大可小,"大"到可以站在战略高度,看企业整体发展;"小"到可以深入每一项具体的业务流程,厘清来龙去脉,进行流程优化。SIPOC用在流程梳理上有两个巨大的价值:

第一,在疏通流程时始终聚焦客户的需求。用SIPOC梳理流程，首先要梳理客户（C），充分讨论流程的最终客户，以及客户想要在这个流程中获取的价值。再依据客户的需求，寻找满足需求的流程输出（O），去验证或设计流程（P）、输入（I）、供应商（S）。做SIPO是为了满足C，即给客户想要的价值。

举个例子。某洗涤剂生产企业在分析客户时，在C下记录酒店客户希望获取的价值：①将床品、涉及餐饮的桌布台布、可用的毛巾浴巾等清洗干净；②能持续地保持松软的品质；③服务员可以轻松操作。

这时，满足C的输出（O）填写床品洗涤剂、餐布洗涤剂和毛巾洗涤剂，显然就不是很好的方案，因为万一服务员搞混这三种洗涤剂，就无法满足客户的需求。该洗涤剂生产企业通过梳理客户需求，将售卖洗涤剂变更为提供整体洗涤方案。这样的改变也使企业业绩年年翻番，客户黏性极强。从这个案例可以看出，有时客户的需求其实是在帮助老板设计产品。

第二，有利于达成相关部门的共识，统一沟通语言。各部门（S）所做的事项（I），都是为了通过流程（P），产出满足客户（C）的输出（O）。如果不能为客户创造价值，上述一切就毫无意义。用SIPOC梳理的过程中，大家都具备整体的视角，为一个共同的目标而努力，也就更容易达成共识。同时也更清楚自己在流程中的价值、质量要求、时间节点等，更好推进工作。

因为一单价值800万元的订单无法及时交货，江苏某企业的生产部、销售部和采购部又吵了起来。销售部说："我们好不容易拿个大单，告诉你们25天必须交货。现在都快一个月了，还有10箱货没有生产。你们生产部到底在干什么？"生产部说："没有原材料怎么生产？我们早就跟采购反映材料短缺，需要赶紧订货。这都一个星期了还没到，我们能有什么办法！"采购部说："材料都用完了才跟我说！材料运过来不花费时间吗？从下单到入库至少需要10天，我也没有别的办法。"

公说公有理，婆说婆有理，这样吵下去，吵个三天三夜都不会有结果，因为他们都只聚焦自己，沟通根本不同频。SIPOC就可以把大家拉到同一个频道上来。该企业共同的目标是满足客户（C）25天交货的需求，再来设计输出（O）、生产流程（P），生产部（S）需要提前几天备货（I），需要提前几天跟采购部（S）下单（P）等。把这些解不开的疙瘩放进一个流程，再沟通就顺畅了。

那如何用SIPOC梳理流程呢？

第一步，建立一张SIPOC空表，要包括"供应商→输入→流程→输出→客户"这几个项目。

第二步，列出接受流程输出的"客户"。谁是客户？谁将从这个过程中受益？客户想通过这个流程获取什么价值？注意，这里要探索真正的客户和客户真实的需求，不要直接把需求定位到企业已有的产品或服务上。

第三步，列出"输出"。输出是基于满足客户需求的。

第四步，"流程"。通看整个流程，能不能得到"输出"。有没有不能为输出创造价值的步骤，该步骤能否删除。

第五步，列出"输入"。列出满足流程的每个输入并描述要求。

第六步，列出"供应商"，即提供输入项目的"供应商"。

第七步，检验。检验整个流程是否以终为始，每一步操作是否都是为了满足客户C的需求而存在。比如，检查输出O：O→C是否满足需求；检查流程P：P→O能否得到结果；检查输入I：I→P是否满足需求，是否有缺少或多余；检查供应商S：S→I是否可以提供，是否及时、准确、完整、有效。

最后，我还要提醒大家注意以下四点：第一，梳理流程，需要找到流程的起点与终点。第二，制作SIPOC图，需要所有相关人员都参与，每个人要清楚知道专案的范围。第三，设定流程范围，勿好高骛远，追踪过多项目只会分散资源，还会漏失重要客户的要求。第四，此阶段不要专注过多细节，要守住高阶流程。

ASME：判断流程是否增值

优化流程就像修剪花朵，漂亮的花骨朵要留着，而蔫了的叶子、被虫子咬了的花瓣、枯了的枝丫，要通通剪掉！剪花很容易，一眼就能看出需要剪掉哪里；但流程的优化要复杂得多，一不小心还可能砍掉关键的活动。

如表 5-1 所示，ASME 就是用一套表格，一次性、精准地梳理一整个流程，逐一查看流程中各个活动是否增值，并且能清楚地显示不增值的活动所处的环节。

表 5-1　ASME 表

流程名称＿＿＿＿　　流程测量者＿＿＿＿＿＿　　＿＿年＿＿月＿＿日									
序号	活动	增值活动	非增值活动	可疑活动				时间	操作者
^	^	^	^	检查	输送	耽搁	存贮	^	^

有了这个工具，企业就能轻松找到流程中的"枯枝烂叶"了。用 ASME 可以把一个耗时 133 分钟的流程砍到 10 分钟，节省 90% 的时间。在介绍怎么使用 ASME 表之前，先介绍判断一项活动是否增值的两种方法：正向思考和反向排除。

第一，正向思考。通过以下三个问题进行判断：①该项活动能否体现企业战略？②是否创造客户价值？③如果是增值活动，是当下正在增值，还是未来能够增值？如果①②的答案都是否，就是非增值活动。某企业的流程规定，开发票需要由业务员申请，销售总监进行复核审批。销售总监审批这一环节既不能体现公司战略，也不能为客户创造价值，因此是非增值活动。

第二，反向排除。也需要考虑三个问题：①这个活动可不可以砍掉？②这个活动可不可以合并？③砍掉这个活动，有没有不好的影响？比如正向思考，支付销售佣金属于不增值业务。但是如果反向排除，砍掉这项业务，企业业绩会受影响。所以这项活动是增值活动。

如果无法用正向思考和反向排除两种方法判断某一项活动是否增值，就可以将其放入ASME表格的可疑活动一栏。根据活动在流程中的作用，可疑活动可以分为四类：检查、输送、耽搁、存贮。学会了如何判断一项活动是否增值，你就已经学到了ASME的精华。下面，我们以文具领取流程为例，分析该流程中各项活动的作用，如表5-2所示。

第一步，按先后顺序，填列"活动"。从表5-2中我们可以看到，从"取多联申领单"到"申领人得到物品"，共有23个步骤。

第二步，填列"时间（分钟）"和"操作者"。比如，"取多联申领单"这项活动耗时2分钟，操作者为申领人。按照这种方式将23个步骤的内容全部填完，整个流程耗时133分钟。

第三步，判断每项活动属于下列哪种情况：增值、非增值、检查、输送、耽搁、存贮，并用"〇"标识。比如，根据反向排除法，"取多联申领单"这项活动属于增值活动。因此，在"取多联申领单"与"增值活动"交叉处用"〇"标识。而"审

表 5-2　某公司文具领取流程

序号	活动	增值活动	非增值活动	检查（对数量和质量的检查）	输送（表示人员、物料、文件及信息的移动）	耽搁（表示在相继的操作之间暂时的存放、耽搁或停滞）	存贮（表示受控存贮如文件归档，这类存贮不属于耽搁）	时间（分钟）	操作者
1	取多联申领单	○						2	申领人
2	查找物件代码	○						1	
3	填写多联申领单	○						5	
4	送本部门经理批准		○					5	
5	审查申领单			○				1	本部门经理
6	签字	○						1	
7	送申领单到仓库主管部门		○					10	申领人
8	审查申领单			○				10	仓库部门经理
9	签字	○						1	
10	送申领单到财务主管部门		○					10	申领人
11	审查申领单			○				10	财务部门经理
12	签字	○						1	
13	核实物品费用，登记部门预算						○	10	
14	送申领单到仓库		○					10	申领人
15	检查签字和申领单内容				○			5	
16	列入出货清单	○						5	
17	库房出货	○						10	
18	捆绑领取物品	○						5	
19	等待所有物品捆绑完毕						○	10	文具库
20	等待所有物品登记完毕					○		10	
21	将申领单第一联存档						○	1	
22	送物品和申领单第二联给申领人		○					10	
23	申领人得到物品	○							
	步骤合计	11	4	4		1	3		
	时间合计	41	35	26		20	11	133	

查申领单"这项活动是否增值，无法用正向思考和反向排除两种方法判断，因此需要判断该活动属于可疑活动的哪一项。很明显，"审查申领单"属于检查。在表 5-2 中表示为在"审查申领单"与"检查"交叉处用"○"标识。

第四步，合计"步骤"和"时间"。从表 5-2 中我们可以看到，步骤合计 23 步，分别为增值活动 11 步、非增值活动 4 步、检查 4 步、输送为 0、耽搁 1 步、存贮 3 步。时间合计为 133 分钟，分别为增值活动41分钟、非增值活动35分钟、检查26分钟、输送为0、耽搁20分钟、存贮11分钟。

  第五步，分析、总结、简化、替代。通过ASME表格，我们梳理了流程中的活动，区分了其属于增值、非增值还是可疑活动，非增值活动可以直接从流程中删除。对于增值和可疑活动，我们需要从流程目标入手。比如，案例中耗时较大的活动是否可以消除或合并，最典型的环节是审查和审批环节。事实上，部门经理都会批准文具领用，他们的签字大多流于形式。

  最终，经过分析，可以用以下3个步骤代替上述整个流程：①从目录中查找物品代码；②打电话到文具库，告知所需文具；③仓库接受订单，申请人领用。这样3步下来，整个流程耗时应该不会超过10分钟，节省了90%以上的时间。

ECRS：提升效率，消除浪费

ECRS是精益生产的核心原则之一，也是精益生产最好用、最有效的工具之一。E代表取消，删除或取消某个步骤；C代表合并，通过合并步骤提升效率；R代表重排，对流程的顺序进行重新排列；S代表简化，采用最简单的流程。

虽然，我们是在业务流程化这把刀里讲解ECRS原则，但它的用途可不仅仅是优化流程、优化管理。ECRS更是一种思维模式，只要我们明白做某件事的最终目的，就可以用它来分析和改善现有方法。

由ECRS，我们还可以延伸出ECRSI。I的意思是"增加"，改善流程时，不仅仅是删减，必要时也得做加法。下面，以某公司的销售报销流程为例，介绍ECRS/ECRSI的应用。

①业务员（申请人）→②销售经理（审核）→③营销助理（初审）→④会计（复核）→⑤销售副总（审核）→⑥财务经理（审核）→⑦财务总监（审核）→⑧总裁办主任（审核）→⑨总经理（审批）→⑩出纳（支付）→⑪会计（做账）。

如此烦琐的报销流程不仅会浪费时间，也会浪费人力资源。

接下来，我们就通过ECRS法，对这个流程进行优化。

第一步，E取消。 在上述流程中，既然财务经理已经审核，财务总监、总裁办再进行审核就没有必要了。建议取消这两个节点，销售报销流程变为：①业务员（申请人）→②销售经理（审核）→③营销助理（初审）→④会计（复核）→⑤销售副总（审核）→⑥财务经理（审核）→⑦总经理（审批）→⑧出纳（支付）→⑨会计（做账）。

第二步，C合并。企业里有时候会出现事少人多、忙闲不均的现象，通过合并，可以节省时间，提高效率。如何合并呢？可以从三个方面考虑：上下环节合并、本部门合并、跨部门合并。会计复核与财务经理审核可以上下环节合并，也是同部门合并；营销助理与财务部的审核，可以进一步跨部门合并为财务BP的审核。

合并后，销售报销流程由9个节点优化为7个节点：①业务员（申请人）→②销售经理（审核）→③财务BP（审核）→④销售副总（审核）→⑤总经理（审批）→⑥出纳（支付）→⑦会计（做账）。

这里有的老板可能就要问了，财务BP是什么？财务BP就是融入业务的财务。职能上归财务部门，工作却是和业务部门绑在一起的，给业务部门提供贴身服务，是业务、财务两个部门之间的桥梁。一般来说，企业有了财务BP，才算是在做业财融合。对于民企来说，财务BP的位置不一定很高，重要的是要融入业务，融入的业务越核心，财务BP的位置自然就上去了。一家企业的财务BP等级越高，企业的业财融合做得越好。

第三步，R重排。重新组合工作的先后顺序。

如何进行重排呢？通过以下四个步骤：①梳理出取消、合并后的流程节点，尤其要注意节点内容与细节；②按照列出的流程节点，用5W1H工具，对工作顺序进行重新调整与组合；③按重排的结果，检查、理顺、确定新流程；④跟踪新流程执行结果，如有异常及时反馈，并调查、分析具体原因，进行调整。

应用在案例中，做账等于增加一次审核，所以将会计（做账）调整到出纳（支付）之前，控制风险。重排后销售报销流程变为：①业务员（申请人）→②销售经理（审核）→③财务BP（审核）→④销售副总（审核）→⑤总经理（审批）→⑥会计（做账）→⑦出纳（支付）。

第四步，S简化。以最简单的办法来执行流程。比如，将流程固化到软件系统。简化时，我们要注意两个要点：第一，减少操作的重复性与复杂性；第二，降低操作难度，降低对人的能力的要求。

那么，销售报销案例中的哪些流程节点是可以简化的呢？

可以对审批权限进行分级。如针对500元以下的报销，由财务BP审核即可：①业务员（申请人）→②销售经理（审核）→③财务BP（审核）→④会计（做账）→⑤出纳（支付）。

针对5000元以下的报销，由销售副总进行审核：①业务员（申请人）→②销售经理（审核）→③财务BP（审核）→④销售副总（审核）→⑤会计（做账）→⑥出纳（支付）。

针对5000元以上的报销，由总经理进行审批：①业务员（申请人）→②销售经理（审核）→③财务BP（审核）→④销售副总（审核）→⑤总经理（审批）→⑥会计（做账）→⑦出纳（支付）。

第五步，I增加。回顾整个销售报销流程，我们发现出纳付款节点存在风险，如果出纳出现错误，将难以补救。所以，这个流程需要增加出纳支付的U盾审核节点。最终，该公司的销售报销流程调整为：①业务员（申请人）→②销售经理（审核）→③财务BP（审核）→④销售副总（审核）→⑤总经理（审批）→⑥会计（做账）→⑦出纳（支付）→⑧财务经理（U盾审核）。

通过运用ECRSI对流程节点进行科学的取消、合并、重排、简化和增加，报销流程由最开始的11个节点缩减到现在的8个节点，达到了我们优化流程的目的。

实战思考

如果把企业比作人，各个部门就是企业的器官，流程则是企业的经脉。"经脉者，所以能调虚实，除百病，决生死"，它是人体联络脏腑、贯穿上下、沟通内外的通道。调理和治病从经脉入手，常常能事半功倍，企业也是一样。流程管理的好坏，决定了企业在激烈的市场竞争中能否赢得先机。

面对复杂严峻的外部环境和国内经济的压力，民营企业经历着前所未有的转变，在经过了30多年的高速发展后，开始进入企业运营优化升级的调整期，争相寻求切实可行的着力点、突破点，力求降本提效，增值创新。

我认为，民营企业现在必须开始重视流程梳理。对这个观点，各位读者同意吗？在你的企业，你认为业务流程化这把刀在"降本提效，增值创新"方面能起到多大作用？

第6把刀

管理标准化:
搭建企业的"成功天梯"

实现企业最佳实践的可复制可复用

为什么海底捞能在两年时间内新增加门店超1000家？为什么麦当劳平均17个小时就能开出一家新门店？为什么有些民企老板辛苦了大半辈子，只能守着一家工厂，至于上市和并购，根本想都不敢想？为什么国外的有些企业能传承百年，而国内一些老板却在发愁无人接班……分析原因，我们找到三个关键词：最佳实践、可复制和可复用。这三个关键词，也是管理标准化的核心。

第一个关键词，最佳实践，指的就是在实践工作中已经被反复验证的最好的干法、管法、讲法、业务流程、规章制度等。

比如，麦当劳为了薯条更香更脆，土豆需要预先炸3分钟，出餐前再炸2分钟；为了保证汉堡口感，牛肉的脂肪含量必须是19%……这些标准，是麦当劳4万多家门店在每天的操作中摸索总结出来的。另外，麦当劳还成立了一个实验室，专门做各种实验，确定最佳方法。比如，用"V"形薯条铲装薯条的效率最高，可口可乐的温度在4℃时口感最好……

所以，管理标准化的第一步，就是要找到最佳实践。

第二个关键词，可复制。就是方便快速扩张，比如连锁加盟、分子公司、企业并购等。

我们还是用麦当劳举例。平均17个小时，麦当劳就可以开出一家新门店。这样快速的扩张，凭借的就是麦当劳多达25000

条的作业手册。从选址设店、原材料采购，到产品加工、质量控制等，手册中都有标准的流程和要求。靠着高度的标准化管理，麦当劳才能快速复制。

第三个关键词，可复用。避免重复劳动，不再从零开始，关系着企业经验的新老传承。

有一个做紫砂壶的企业，负责产品制作的老师傅突然脑出血去世了。因为配方和工艺都记在老师傅的脑子里，人走了就带走了，所以企业生产陷入停滞阶段。如果企业能把配方和工艺管理标准化，新员工也能上手制作，企业就不至于无人可用。

所以什么是管理标准化？就是把最佳实践拿过来进行分析、总结，使其成为可复制、可复用的流程、规定、规则和要领。

实行管理标准化，对企业有以下四大好处：

第一，提高企业管理效率、减少浪费。

金财的老师到一家企业做调研，发现企业的仓库里有数十堆价格昂贵、无用的材料。经过询问，老师得知这家企业没有制定配件标准，每一位新到任的设计工程师都会按照自己的习惯选择配件。但是，设计工程师这个岗位的流动率极高，时间一长，仓库中遗留的原材料就堆成了小山。

第二，确保产出的稳定性。

富士康的每个工厂都有大概30万名员工，每年的人员流动率高达40%。但是，其产品质量十分稳定。就是靠着管理标准化，富士康才能成为国内知名的制造企业。

第三，固化经验。

员工在实践中的方法和经验，可以形成标准，与别人共享。这将是企业永恒的资产，毕竟经验不会随着员工的流动而消失。

无印良品的员工经常能在门店经营过程中发现问题，并找出合适的改善方法。总部会把这些"这样做更好"的创意收集起来，更新到工作指南中，让员工学习。金财大财务研究院设计的《大财工坊》课程，就是把世界范围内先进的管理方法和理论与民企实际相结合，从而提炼出好用的、标准的管理方法。民企学习过去，也就是固化了成功的经验。换句话说，金财站在巨人的肩膀上，民企站在金财的肩膀上。

第四，持续改善。

没有改善，就没有更新的标准化；没有标准化，所有的改善只是低水平的重复，不会有突破。所以，标准是下一轮改善的起跑线。

丰田公司是如何确保零次品率的？就是"把工作标准化"。

当发现次品时，领班会看着作业员依照工作手册的步骤再执行一遍。如果按标准步骤操作还是会出现次品，那就说明这些标准需要改善了。

用"找、建、推、升"提高执行力

介绍了管理标准化的关键词和好处,以下介绍用标准化提高管理水平的步骤,即找标准、建标准、推标准、升标准。

1. 找标准。

即找到最佳实践,老板可以从本企业最优、"挑剔"的客户、行业标杆、跨行学习四个维度入手。

首先可以从公司内部找做得最好的。比如,某销售人员拜访客户的成功率总是最高、某工人的产品合格率常年第一、加油站的某个员工操作速度最快……企业里有大量的宝贵经验,都值得总结和学习。标准好不好,最终客户说了算,所以在找标准的过程中,"挑剔"的客户必不可少。企业可以通过顾客访谈、客户投诉等形式收集客户反馈。一般来说,客户投诉最多的地方,往往都是企业最需要改进、最需要标准化的地方。

然后企业可以和做得最好的同行对标,比如做超市的企业可以向沃尔玛、大润发等企业学习,做餐饮等服务行业的企业可以向海底捞学习。

举个例子,很多餐厅收台是个大问题。有的服务员为了让下一桌客人尽快入座,就敷衍了事;有的服务员收拾得又太过细致,经常出现客人到了但台还没收的尴尬场面。那海底捞是怎么解决这个问题的?每个服务员都配备三种不同颜色的毛巾:蓝色毛巾抹去残渣,红色毛巾擦去洗洁精和油污,白色干毛巾擦干水珠。把收台流程标准化，直接将海底捞的翻台率提高到4.1。

还有老板可能会问，这些行业第一又该向谁学习呢？答案是跨行业找标杆。石油巨头美孚为了提高服务速度，专门成立团队去赛车公司取经；想改善服务质量，就锁定知名酒店作为标杆；还借鉴美国回头客大王的经验，培养客户忠诚度。这套组合拳下来，美孚的年营业额提高了10%。

2. 建标准。

建标准，是提炼、内化别人的优秀经验，而不是直接复制。

有一家小企业的一把手特别崇拜任正非。于是，他把华为的管理制度带到自己的企业中，实行严苛考核、末位淘汰。他本想通过这种方式激发员工的狼性，没想到事与愿违，公司内部乱哄哄不说，还有骨干员工想离职。中层管理反馈说：华为这套我们学不来的，毕竟我们在市场上能招到一个合适的人都不容易。如果再给压力，威胁淘汰员工，员工肯定不干了。最后，末位淘汰只得不了了之。

企业找到标准后，不能直接复制别人的经验，而是需要内化，总结为适合自家的方法论，并变成制度、流程、标准、手册。某公司老板了解到竞争对手之所以业绩好，是因为电话销售做得特别厉害，于是他要求公司全体员工都要会做电话销售。这家公司可以把员工每天需要打多少个电话作为评价标准，但是该标准必须符合公司发展情况，融合公司自身特色。比如，什么时间打电话？由哪些员工打给哪些客户？需要通过电话沟通的内容是什么？间隔多久打一次电话？……同时，盘点公司现有资源是否能够支撑，再将这些标准形成手册，或者固化到企业的流程中。

3. 推标准。

标准建立后，不要急着在大范围推行，先进行局部试点。比如，在某一个车间、某一个区域或某一个部门实施新的标准，一来能够验证标准能否达成，二来能够检验标准实施的效果。如果发现有问题，就要及时优化，而不是将错就错。

局部试点成功后，就可以全面推广标准，并通过例外管理、差异控制，扩大可以达成标准的面。比如，"双减"工作牵涉面广，十分复杂，所以采用局部试点的方式。选取北京、上海等九个地区作为试点，一是因为试点地区影响相对较大，关系全局成效；二是因为试点地区开展"双减"已有一定的工作基础；三是先行先试有利于降低改革成本，通过部分地区的试点工作，可以积累经验、发现问题，为后期在全国逐步推广提供可借鉴、可复制的先进经验和典型案例。

4. 升标准。

建立标准，可不是件一劳永逸的事。标准就像"逆水行舟，不进则退"，如果不主动更新标准，跟不上时代，迟早会被淘汰。比如，在丰田公司，每一个标准作业书上都会签上最后的完成日期。

在制定标准作业书等文件时，很多人会希望将它们做得更完美，所以会不惜花费一两个月的时间去整理。而丰田创始人认为："愚蠢的人才会在准备文件上浪费一两个月的时间，重要的是如何以最快的速度在现场推行，作业标准也应该不断地进行改善。"

在丰田，管理者们都会努力去寻找更有效、更简单的作业方法，还会积极地向操作人员咨询"哪里有问题""哪里不合理"，并以此为基础进行改善。如果改善的结果较理想，那么就要立刻更改作业标准。在改善氛围浓郁的生产现场，标准作业书的更换会非常频繁，绝对不会出现文件上落满灰尘的情况。

所以，丰田创始人提出："我们首先要做的就是深切地把握实际，然后再逐步加以改善，最后形成大家都能够接受的标准。"

PDCA：
闭环管理，建立标准

PDCA也叫戴明环，常用于质量管理。我们熟悉的ISO（国际标准化组织）这一套体系的建立就是基于PDCA，对丰田产生巨大影响的精益生产的内核也是PDCA。同时，PDCA循环在企业管理、个人日常工作中的应用也十分广泛，可以极大地提高执行力。

如果老板想实现管理标准化，就需要把原来乱糟糟的工作方法梳理清楚，PDCA这种逻辑性极强的工具就非常实用了。

那么，PDCA中的四个字母，各自代表什么意思呢？

P代表计划（Plan），即制定方针、确定目标，并将其分解为具体的作战任务；D代表执行（Do），是对计划内容的实现；C代表检查（Check），即对执行过程中的关键点和最终结果进行检查；A代表处理（Action），对不同的结果采取不同的处理方式，将成功的经验标准化，失败的教训则转入下一个PDCA循环解决。

PDCA循环就是按照这样的顺序实现闭环管理，大环套小环，小环保大环，二者互相促进，推动大循环。同时又是在螺旋上升，每循环一次质量就提升一层。旧环生成新环，自然就层层递进，循环改善，如图6-1所示。

一个完整且高效的PDCA循环，并不只是单纯的四个基本阶段。天下难事，必作于易；天下大事，必作于细。所以四个阶段，进一步细分量化，可以生成八个步骤。我们举一个例子，来对这八个步骤进行详细的讲解。

苏州的赵老板是做礼盒生意的，礼盒需要工人手工折叠，

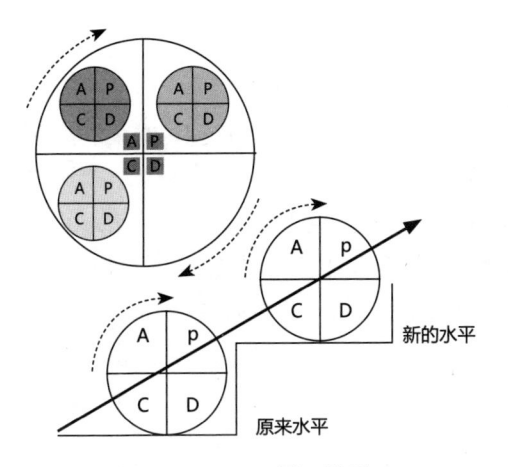

图 6-1　PDCA循环模型

但工人的水平参差不齐，常常忙不过来。工厂里大部分工人叠得慢，耗损还大，少部分员工速度快，效率高。老板想多招点工作效率高的员工，就给人力资源部门施压。但招人哪有那么容易？最后，赵老板用PDCA解决了这个难题。

首先，P（计划）阶段包含四个步骤：

第一步，分析问题现状，就像医生看病要先找病因一样。在做计划之前，需要分析企业现状。赵老板遇到的问题显而易见，是工人效率参差不齐，材料损耗大。

第二步，找出问题的原因，初步分析问题。这时，可用的方法就多了，比如5W2H、4M1E（人、机、料、法、环境）等。赵老板分析后，发现造成这种情况的原因有：工厂没有绩效管理机制，做得好的员工得不到激励，损耗材料多的员工也不会受到处罚；公司既没有明确的关于产品品质的标准，也没有上岗培训，工人叠盒子的方法都是有样学样。

第三步，深层次分析问题，找出主要原因。每个问题的产生都有其主要因素，只有找到才能够彻底解决问题。按照二八原则，如果影响一件事情的因素有10个，那么其中大概只有2~3个是主要因素。细细一想，赵老板认为主要原因就是叠盒子的方法无标准,员工无培训。

第四步,针对主要原因采取措施。在采取措施时,要遵循5W1H原则,或者5W2H原则。5W1H大家熟悉,5W2H原则较之多了一个H,意为How much,就是做这个事情要花多少钱,也就是现在非常流行的"财商",做任何事情都有成本观念。但是计划得再好,投入产出比不划算,也没必要。

赵老板确定主要原因后,马上就找到生产总监,让他想方法、定目标、写计划。生产总监交了一份报告,计划在换班时举办一场"叠盒子大赛",分别奖励获得一、二、三等奖的员工3000元、1500元和500元。综合部对工人叠盒子的过程全程录像,生产部对前三名的动作拆解分析,发动"群众的智慧",找到最优的叠盒方法。车间主任拟定出"标准叠盒手法",并找几个生产小组试行,生产助理统计数据,分析可行性。到这一步,P阶段的四个步骤就完成了。

计划制订好后,就进入第五步D(执行)阶段,让各部门按照计划进度及标准流程执行。工厂经过紧锣密鼓的准备之后如期举行了比赛,工人们踊跃参加,各部门也密切配合,顺利实现了计划。接下来是第六步C(检查)阶段,将实施结果与目标或标准进行对比,在实施过程中不断检查。生产总监安排助理持续跟踪、统计与分析,根据数据对比,发现新的叠盒方法非常好用,员工的效率都提高了。

赵老板很满意,就让综合部做成员工操作手册(SOP),全厂推广。这就进入第七步A(处理)阶段——标准化。对实施结果进行分析,将未解决的问题或产生的新问题转入下一个PDCA循环。第八步是总结成功经验,制定相应的标准。按照PDCA循环操作后,赵老板工厂的工人工作效率提高了23%,材料耗损从5.6%下降到2.3%,困扰他许久的问题就这样解决了。有了PDCA意识,自然就会形成"凡是工作必有计划,凡是计划必有结果,凡是结果必有检查,凡是检查必有责任,凡是责任必有奖罚"的习惯。

SDCA：
固化标准，稳定流程

柳传志常说："撒一把土，夯实，然后再撒一把土，再夯实。"对照来看，"撒一把土"就是"PDCA"的过程，而"夯实"就是"SDCA"的过程。

S表示标准化（Standard），就是把标准固定下来，形成规章制度、流程、操作规范等；D表示执行计划；C表示检查、审核内容；A表示处理，对检查的结果做出相应的反应。这里的D、C、A和PDCA里的含义是一样的。简单来说，SDCA就是维持标准化，稳定最新的流程。

在PDCA的A阶段，有如图6-2所示的两种走向：

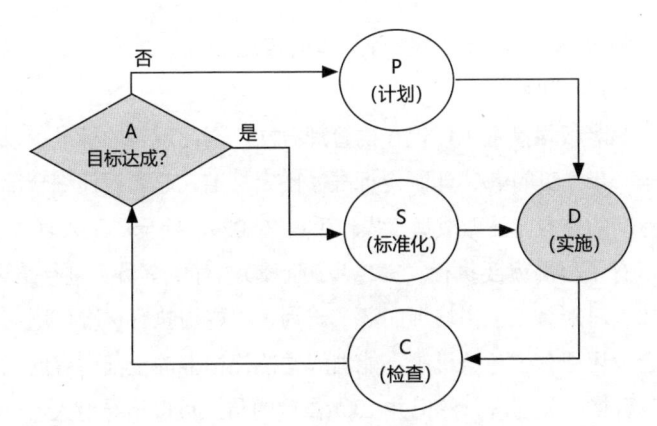

图 6-2　PDCA的A阶段的两种走向

第一种，结果需要改善，那就进入下一轮PDCA循环；第二种，执行结果很成功，就可以标准化。然而，任何一个新的工作流程在设置初期都不稳定，想要稳定，就得用上SDCA循环。也就是说，PDCA是在建立标准，SDCA则是稳定标准。

当然，永远不会有十全十美的标准。采用PDCA循环对标准进行改进，使其更上一个层次。然后继续采用SDCA固化，保证标准持续有效。这样，PDCA、SDCA像会紧密咬合的齿轮一样，建立标准并固化标准，从而共同驱动企业管理水平的提升，为企业成功搭建天梯。PDCA与SDCA配合使用示意图如图6-3所示。

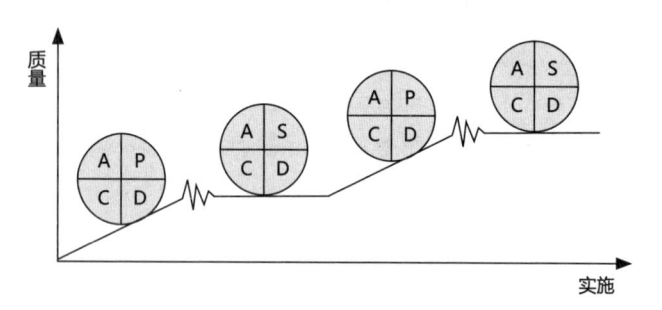

图6-3 PDCA与SDCA配合使用示意图

和PDCA一样，SDCA也有具体的实施步骤。我们还以赵老板的案例进行讲解。

赵老板很满意工厂现在的管理方法，因此现有的标准可以进入第一步（S阶段），即制定标准、确定标准。赵老板让综合部门把标准的叠盒方法做成员工操作手册（SOP），向全厂工人宣传。

有了标准就要执行（第二步D阶段），对现有员工进行培训，并加入对新员工上岗培训的环节。为了更好地执行标准，聪明的赵老板还配套了考核机制：能理解并熟记标准的全部内容的工人视为合格；能理解、熟记并100%做到的员工可以指导他人。

执行了就得检查（第三步C阶段），看看有没有按标准做，有没有达到预期效果。工厂里，要保证员工100%按标准作业，还需要班组长进行监督与抽查。只有企业重视标准作业，员工才会认真执行标准。生产助理也要持续跟踪，继续监督标准的执行情况。

A阶段的实施由第四步和第五步共同构成：如果标准可以继续维持，就进入下一轮SDCA循环，为第四步；如果需要对标准进行更改，就进入下一轮的PDCA循环，为第五步。

赵老板用上PDCA、SDCA后，非常有启发，还开始推动"全员持续改善"，现场生产发生或可能发生的事件，都将会触发标准的修订。

P（S）DCA循环的实施十三步是在PDCA八步的基础上，加上SDCA的五步形成的：

P：计划

（1）分析问题的现状。
（2）找出问题的原因，初步分析问题。
（3）找出主要原因，深层次分析问题。
（4）制定措施，也就是制订计划。

D：执行

（5）实施计划与措施，即执行计划，按计划进度及标准流程执行。

C：检查

（6）将实施结果与目标或标准进行对比，即在过程中检查。

A：处理

（7）对实施结果进行总结分析，将未解决的问题或新产生的问题转入下一个PDCA循环。
（8）对良好经验进行标准化，进入SDCA循环。

S：标准

（9）制定标准，确定标准。

D：执行

（10）按照标准执行。

C：检查

（11）收集、分析、检查标准执行是否达到预期效果，执行过程检查与确认。

A：总结

（12）提出标准更新需求，进入下一轮 SDCA 循环。

（13）如果环境发生变化（比如启用新设备），需要更改标准，进入 PDCA 循环。

实际上，企业 90%的管理都可以标准化，我们对比一下两个老板的日常：

一大早，财务人员急匆匆地向李老板汇报现金再次出现短缺的问题；这个问题还没解决，质量部经理又来请示，某产品出了问题该怎么办；快吃午饭时，李老板接到了采购的求助电话：供货商延期送货，希望老板帮忙与生产部协调；午休过后，李老板就开始处理大客户的加急订单；好不容易下班了，李老板为了多给公司争取业务，还要和客户应酬……这是你现在生活的缩影吗？每天公司大事小事不断，你就像个消防员一样四处灭火。

而刘老板的一天是怎么过的呢？早上 10 点，刘老板出现在办公室。在审批完几张大额的审批单和战略级投资方案后，刘老板又听了两场简洁的汇报会，就出门找朋友喝茶了。

老板们，哪一种才是你向往的生活？

在实行标准化后，企业里绝大部分的日常工作就是遵守标准，或者发现可以改进之处，形成新的方法论后固化。如此循环往复，企业的管理水平自然就会稳步提高。

简单来说，企业的经营活动中有很多好的经验、做法，需要从 PDCA 进入 SDCA，使企业能持续保持收益；为了进一步提高管理水平，需要从 SDCA 突破到 PDCA。这两个循环联用，就能搭建企业成功的天梯。

构建企业核心竞争力的八个步骤

企业里总有无法进行标准化的地方，标准化后也会出现例外。所以，我们还需要例外管理，通过不断纠偏升级标准，提高管理水平。

什么是例外管理？预期之外的、不符合标准化的就是例外。如果不做例外管理，例外就会重复出现，老板就会反复陷入盲、忙、茫的乱局。那应该如何做呢？企业可以通过以下八步做好例外管理流程。

第一步，明确问题。包括清晰描述问题、界定问题的边界、对问题分类。比如，客户投诉货物数量不足，老板不要急于向仓库管理人员问责。会出现这个问题有多种原因：货物在生产线上包装时有疏漏、运输过程中货物遗失、客户自身原因导致数量不足……因此，客户投诉货物数量不足这一问题不能直接和仓库管理挂钩。

第二步，把握问题现状，明确应有状态与现状的差异。比如，老板想解决企业的财务问题，想构建大财务体系，那他清楚自己企业的现状吗？有预期的目标吗？如果不知道差距在哪儿，又该怎么弥补？老板如果什么都想要，最后可能什么都要不到。因此，把握问题现状，对于下一步设定目标相当关键。

第三步，设定目标，明确解决问题的最终目的。企业设定的目标要尽量满足SMART原则。比如，类似"提高包装机的性能"这样的目标表述过于模糊，不利于员工执行，需要细化成

"在三个月内将包装机的性能提高60%"。

第四步，界定问题发生的真正原因。例外管理的前四步都是在解析问题。因为几乎所有人都有直接追求"短平快"的思维习惯，所以在例外管理时，大家都容易犯错。

第五步，制定对策。详细说明正在解决的问题是什么、打算怎么做、谁来做、何时做完……提出尽可能多的对策，在其中选出最优解。

第六步，实施对策。最好是立刻实行，将例外带来的影响降到最低。

第七步，确认效果。看看对策是否有效、是否走偏；按时完成，评估实施效果。

第八步，标准化。将成功的过程"标准化"，并在企业内部共享。

每一次例外的出现都是标准化的机会，此时需要沉淀经验，将其转化为组织的财富。如果每次都要从零开始，就会浪费企业的时间和资源。为什么有些民企已经经营几十年了，管理还是一团乱麻？而华为集团也是从小公司做起，为什么管理能做到井井有条，营业额逐年上涨？因为华为时时刻刻在沉淀。

做标准化就像学功夫，有的老板学了一招半式就想下山较量，实际上是花拳绣腿，没有真功夫；而有的老板沉下心，扎实练基本功好几年，成就自然不一样。

实战思考

管理界有一句话，三流的企业做产品，二流的企业做品牌，一流的企业做标准。这里讲的标准，不仅是技术标准，也包括管理标准。很多企业能够做标准、输出标准，实现快速复制、快速扩张。

各位读者，你觉得你的企业在哪些方面需要立即做管理标准化？在哪些方面可以做管理标准化？

第7把刀

工作自动化：
用"机器"的可控，弥补人的缺点

工作自动化的三个优势

工作自动化具体指的就是用机器替代人,或者辅助人工作,即用机器的可控,弥补人的缺点。

为什么企业存在各种各样的问题?其中一个原因就在于"人"。

企业由人组成,人都会有缺点。比如,懒惰、健忘,易疲劳、紧张,会受各种情绪的干扰。但是机器不会。机器的可控性可以弥补人的这些"弱点",把人从简单、重复性的劳动中解放出来。

人性的"不靠谱"会出现哪些工作上的失误?

案例一:保安在晚上值班时睡着了,导致公司电线被偷,老板损失几十万元。

案例二:某食品厂规定,工人在清理切刀时需要断电。有个工人为了省事,并没有遵守这项规定,导致手指被切断。家人向厂里索赔几十万元,老板只能自认倒霉。

案例三:有客户大规模采购产品。某业务员急于出单,自作主张与其签订了合同,殊不知由于原材料价格上涨,公司刚对这款产品进行了提价。出于提升业绩所做出的举动反而给公司带来了8万元的损失。

用机器就不一样了,我们来看看机器有哪些优势?

优势一:机器比人更可靠。

我们这里讲的"机器"不仅包括机械、设备、装置、电脑软件，还包括将它们有机组合在一起的机制。工作自动化并不是单纯地用机械替代人工，让人成为机器的看守，而是用"机器"的可控性弥补人性的弱点，让设备或系统拥有人的"智慧"，实现人和机器之间的良性互动。

我们回到刚才说的几个案例。保安睡着造成公司损失，怎么解决？安装报警器，只要有异常就能立即发出警报，而且报警器既不会犯困，也不会走神。工人违规操作怎么预防？装个感应器，只要识别到异物，切刀立即停止工作。销售人员消息滞后，给老板带来损失，怎么办？公司安装ERP系统，自动将订单价格改为最新价格。

优势二：机器比人更高效。

金财有一个客户，在审计时发函件进行询证，需要一张一张地抄写、制作，不仅耗时，还容易出现错发、漏发的情况。后来，审计师运用Word和Excel软件，使用邮件合并功能，自动批量打印所有的询证函件，只用2小时就完成了以前需要花费几天时间的工作。

有一个跨国公司的财务共享服务中心每天要处理全球十几个国家的账务核对。同样的账务与核对步骤，需要财务人员反复操作，财务人员经常要在这项工作上花费一整天的时间。财务人员如果使用Excel的宏功能，只点一下鼠标，轻轻松松就可以实现所有的操作。

优势三：机器解放老板。

对于日常的大量例行、重复和烦琐的事项，可以通过设置权限等方式固化到ERP和OA系统中，实现审批自动化，从而把老板解放出来。

不当家不知柴米贵。有时老板出差坐高铁，还会特地选择二等座。但是，很少有员工想着主动为公司省钱，一切消费以自己舒适优先。

如何解决员工高额的差旅费问题？有没有什么方法能让员工在购买高铁票时自动选择二等座？在购买机票时如何自动选择最优惠的时间段？

工作自动化就可以解决这个问题。比如，金财的费控系统可以提前设置员工的消费规则。按照规则，员工在购买高铁票时，只能勾选二等票；购买飞机票时，系统会拍照员工的购票信息，并自动比对其他时段的票价，如果票价异常，则会报警，提醒管理者关注。如此一来，老板、高管就能从层层审批中被解放出来，而且还可以简化报销流程，帮助公司大大降低管理成本，提升管理效率。

真正好的内控，不是绞尽脑汁让员工不贪，而是通过各种方法和工具，让员工就算想贪也贪不了！

掌握防错法的五个思路

说到防错，企业通常是怎么做的？一个人操作了，让另一个人检查；还不放心，就再来一个人检查。管理做成了"套娃"，一个人操作，几个人检查。这种管理往往是无效的，反而会增加企业管理成本。有没有更好的解决问题的方法呢？我们可以用一种机制预防错误的发生，或者在错误发生的时点立刻发现错误，避免产生恶果。这种机制就是防错法。

防错法是一种思维模式，被广泛应用于各个行业、各个场景中。即使是简单的控制手段，也可以产生好的效果。比如，手机的SIM卡特意做了个小缺口，人们在安装时就不会装错装反，防止手机烧坏。比如，财务人员在做报表时提前设计好校对公式，只要计算出错，校对公式就会改变颜色，以此来避免出错。又如，银行付款量极大，最容易出错。银行系统要求操作人输入金额，复核的人也需要再输入一遍金额，付款金额和复核金额一致，才能完成付款。

只要掌握了防错法这个思想，设计防错装置或防错机制，就能大幅提升管理效率。应该怎么设计呢？我们总结了五个思路、两种方法，以供大家参考。

思路一：消除。 通过对流程进行重新设计，消除可能会出现失误的某个步骤。比如，某仓库的账、卡、物三个数据总是对不上。后来老板发现，员工经常会把卡写错，于是他们取消了卡这一环节，只要账、物相符就可以了。

思路二：替代。 用更可靠的过程代替目前的过程，减少失误。比如，人工录入单据容易出错，就直接用扫码枪完成数据收集。

思路三：简化。 合并业务步骤、流程，实施工业工程改善，使作业更容易完成。比如，使用一台自动封装机来完成包装车间的装箱、封箱、称量、检测四个动作。

思路四：检测。 在操作失误时报警，在错误流入下一步前对其进行检测并剔除。比如，在飞机起飞前，飞行员会按照检查表的要求，逐项对飞机的功能进行测试。

思路五：减少。 采用保险措施，将失误影响降至最低。比如，在螺丝上打上色标，有松动就容易发现。

接下来，介绍设计防错机制的两种方法。

第一，设备防错。 以设备、装置、工器具自动防错。当出现失误、不符、遗漏等异常时，设备能检测到并自动停止；待修正、问题解除后，重新开始。比如，某工厂的生产线有缺陷，经常出现空盒子装箱。想要解决这个问题，工厂可以在装箱前使用强力电风扇，把空盒子吹落。

第二，机制防错。 通过流程和制度的设计，防止错误的发生。

一个山东老板做豆制品生意，但他的公司没有统一销售渠道，客户只能通过电话联系销售助理订购产品。如果公司有几万家客户，需要安排多少个销售助理？又怎么保证销售助理不会在下订单的过程中出错呢？后来，老板请了一家软件公司给自己设计了一个小程序，并将其与出货系统连通。客户可以自行在小程序里下单、结账，人工接单的错误几乎被杜绝了。

需要注意的是，上述思路和方法并不是孤立的，老板可综合其中几种来设计防错法。我还整理了10项防错机制，供各位参考：

①断根机制：将会造成错误的原因从根本上排除。比如，出现短路起火的情况立即关闭总电闸。

②保险机制：两个以上的动作必须共同或依序执行才能完成。比如，公司支付货款，需要一人掌握U盾，一人掌握支付密码，两人共同操作，才能付款。

③自动机制：以各种机制来限制某些动作的执行或不执行，以避免错误发生。比如，以"重量"控制电梯载重、以"电流"用量控制保险丝熔断、以"温度"控制空调运行以及连续三个月未完成目标自动取消销售代理资格等。

④相符机制：通过检查动作是否相符来防止错误的发生。比如，人脸或指纹不相符，不能考勤打卡；通过人工合计与公式核对比对财务报表数据是否正确。

⑤顺序机制：为了避免工作顺序或流程前后倒置，可依编号顺序排列，从而减少或避免错误的发生。比如，医院以编号安排患者看病的先后，银行以拿号方式确定办理业务的顺序。

⑥隔离机制：也称保护机制，靠分隔不同区域的方式避免危险或错误的现象发生。比如，电动圆锯有锯片保护套，以防止锯到手；危险化学品需要单独分仓保管。

⑦复制机制：同一件工作，如需做两次以上最好采用"复制"方式完成，省时又不产生错误。如"复写"和"复诵"。

⑧层别机制：为避免把不同的工作做错，设法加以区别出来。比如，自动化仓储管理以不同货架、不同颜色划分区域、通道等，以区分不同货物的流向、存放地点和位置等。

⑨警告机制：如有不正常的现象发生，能以声光或其他方式显示各种"警告"的信号，以避免错误的发生。比如，火灾报警器；在ERP软件系统中设置报警指标，超标准领料、超过安全库存、采购价格异常、应收账款逾期则亮红灯。

⑩缓和机制：通过各种方法来减少错误发生后所造成的损害，虽然不能完全排除错误的发生，但是可以降低其损害的程度。比如，购买财产保险等。

究源性检验的六个步骤

什么是究源性检验？从字面我们就能看出，究源就是遇到问题，先要探索问题的原因，再从源头去寻求解决方案。它和防错法有什么区别呢？简单来说，防错法就是设置防错机制，如果出现问题，可以及时采取措施，避免错误延续，损失扩大；究源就是追溯源头，从源头上对错误的发生施加影响。

怎么做究源性检验呢？可以借鉴丰田的科学研究方法5W。

5W就是5个Why，通过反复问5次"为什么"来发现问题，并追究其根本原因，再针对根本原因解决问题。这里的5是个概数，可能是3问，也可能是7问。不在于问多少次，而在于找到真正原因。这里要注意：找"真因"而不是"原因"，"原因"的下面隐藏着"真因"。为了找到真因，以下总结了5W提问的六个步骤：

第一步，简单清晰地描述问题。 能清晰地描述问题，问题也就解决了一半。李老板要解决的真正问题，是客户经常投诉。

第二步，详细解释这件事、这个问题的正常操作和常规流程。 如果按正常操作、常规流程执行，会是什么结果，能避免什么情况。这一步可以帮我们理清思路，回到原点。

第三步，与第二步逐条比对，找出实际操作与正常操作之间的差异。

第四步，进行5个Why分析。 这一步需要注意以下几点：

首先，避免缺乏查证的假设或推论；其次，不要将人为失误作为根本原因；再次，不责备工作人员，而是找出过程改善的有利机遇；最后，把回答"为什么"作为目标。

第五步，找出根本原因并制定解决方案。制定预防措施或改善计划，同时明确责任人，规定完成时间。

第六步，跟踪预防措施、改善计划的执行过程，将有效的解决方案制度化、流程化、自动化。如果解决方案无效，返回到第一步，重新用5W进行分析。

李老板从事电商行业，最近一段时间经常收到客户投诉：客户无法正确收到自己下单的产品。李老板企业的发货模式是：一个人负责发货，并在系统录入单据以及物流单号；一个人专门处理异常。后来为了应对越来越多的发错货的情况，企业还专门增加了一个人负责审核单号。但是，人员成本增加了，投诉却没有减少。

我们通过究源性检验的六个步骤来帮助李老板解决问题。

我们首先需要明确李老板需要解决的问题是企业经常会被客户投诉。

为什么会产生客户投诉？因为他们收到了错误的包裹。

为什么客户会收到错误的包裹？因为发货时，包裹和物流单的匹配出现了错位。

为什么匹配会出现错位？因为是人工匹配，难免会出现错误。如何解决人工匹配出错呢？采用机器+软件进行匹配。比如，李老板可以在软件系统操作，实现发货并自动匹配物流单号，再通过中间的物流系统导入电商平台，审核货物并发出。当出现异常时立即报错。

这一步步往下找原因，就是究源性检验的精华。找到错误发生的源头，从源头寻找解决方案。

用简易自动化降本保质

自动换梭、自动运行，是机器取代人工的操作，减轻了人的劳动强度。生产效率的提升是机器速度提高带来的，体现出了专业技术人员的价值，但操作者的价值并未提高，这叫"自动化"。

异常停机并报警，是让机器具备了人的识错能力，从而让操作者不再是机器的保姆，减少了操作者不创造价值的动作，提高了操作者的价值创造率，专业技术人员和操作者的价值都得到了体现。丰田佐吉将这种人与机器结合的自动化，称为"自働化"。下文中，我将以"简易自动化"来称呼它。自动化和简易自动化的区别如表7-1所示。

表7-1 自动化和简易自动化的区别

	自动化	简易自动化
设计针对的对象	个别工序	整体生产线
设计思想	高速度，大产能，万用机	适速度，一个流，专用机
设计起源	设备厂商	工厂内部
运行	只要人不切断开关，就会继续生产	机器自身感知异常，基于自身判断随时可以停下来
产品监控	无	必须有
运行监控	可能有	必须有
不合格预防	只要人不干预，可能持续生产不合格品	发现不合格品就停止，并报警
培训的重点	机器操作	标准化作业，停机后的问题处理
解决问题	解决问题的时间滞后，很难把握真正的原因	第一时间到问题发生的现场解决问题，容易把握真正的原因
操作员工的利用	需要操作员工时刻关注	员工只在报警的时候才出现，可以一人多机，实现省人化

为什么要做这种简易自动化呢？①降低成本。如果安装了简易自动化装置，就不需作业人员监视设备运转。这样可以实现人机分离和一人多任务工序操作，削减作业人员，降低人工成本。②适应需求。可以设置生产完所需要的零部件后，设备就自动停下来，这样就通过简易自动化，消除过剩的库存，按准时化要求，适应客户需求。③保证品质。因为简易自动化有防错功能，一旦探测到犯错或不合格，就会自动中断生产，可以防止不合格产品从前一个工序流入后一个工序，保障产品质量。

如何实现简易自动化？

第一，防错设计。

第二，可视化管理。比如，在作业现场放置图文并茂的工艺文件，方便现场员工随时查阅和指导生产。

第三，设置定位停止系统。比如，安装灯板和呼叫灯，生产线上每一位员工都被"授权"，当异常时可以停止生产线，实施停止、呼叫、等待三步骤，确保问题充分暴露。以丰田为例，需满足下列三个条件：每个工位的两侧都设有使生产线停下的"拉绳式开关"；对刚上岗的工人，培训让生产线暂停的方法；在生产线支持的同时，要确认原因采取措施防止复发。

第四，保障机制。避免异常发生的保障机制包括全数自检机制和全员质量意识的提升，保障机制包括人员保障、设备保障、技术保障和信息保障的多方联动。比如，飞机起飞前要经过50项以上的全面检查。

第五，打通财务系统和业务系统，真正实现企业的ERP。企业若只有财务软件，就只能靠会计先费时费力地从业务部门拿到数据，整理分类，再列出会计分录，输入财务软件。这样做效率低，错误率高。企业有进销存软件并且与财务软件打通，就可以让软件自动做会计分录，自动做账，省时省力。这样报表立等可得，最重要的是不容易出错。集成的ERP更可以成百成千倍地提高效率，更重要的是，全流程的打通能够降低风险。

ERP贵吗？软件要钱，专业的维护也要钱。因此，很多老板不重视对软件系统的投资，情愿凑合着用人、对付着过。但是，往往是丢了西瓜捡芝麻。老板将就了人的弱点，就要面临更大的风险、承担更大的损失。跟人生理上和心理上天生的弱点较劲，才是最昂贵的投资。

人和人最大的差别是什么？是认知，是思维模式。那企业和企业最大的差别是什么？也是认知，是思维模式。有的企业还在纠结做不做内控，担心效率变低，管理成本升高；而有的企业已经具备了简易自动化的思想，并用于内控建设中。

实战思考

技术进步，为管理升级带来更多机会。人脸识别技术解决了打卡问题，自动包装技术部分解决了用工荒问题，视频与互联网技术使远程办公成为可能，AI技术的发展催生了大数据风控。事实上，"老当益壮"的ERP系统，仍是企业实现工作自动化的强大武器，但在很多企业的ERP并没有达到预期效果，没有享受到自动化带来的好处。

有一句"名言"："不上ERP等死，上ERP找死。"有个老板告诉我：企业上了ERP，统计增加了4人，会计增加了2人，统计结果反而比以前晚一周才出来。公司仓库入库流程特别慢，很多信息滞后，一周或10天才能出来信息。人工入库当天可完成，上ERP系统后反而慢了很多。生产系统每天要领几次材料用品，可是高管们一天只审核一次。中间变化不能及时处理，影响生产。公司应付账款启用ERP系统，前面有七八道流程，审核环节太多了。最麻烦的是老板出差了，ERP运行就中止了……

上了ERP，效率反而更低，相信不是一家企业遇到的难题。各位读者，你认为为什么民企上ERP容易失败？请讲一讲你们企业上ERP的故事。

第8把刀

资产保全:
看住钱包,守住根本

资产的两大类及五保全

资产,就是老板手里的钱。无论是看得见的实物资产,还是摸不着的无形资产,都是老板花钱买来的。这些资产维系着企业的生存,老板自然想管好,不然也不会在重要的岗位放自己的人。但企业做大了,老板又有几个自己可用之人?

而且,就算在重要岗位安排了自己的亲属,老板也未必能彻底安心。比如,江苏某铝业公司的仓管员偷卖公司的原材料,从中赚取1800多万元。这个仓管员,就是老板的亲侄子。

赚钱很难,漏钱却很容易。企业的资产管得不好,就容易被偷,或者被浪费。而仅仅依靠人,总是会有漏洞的。所以,资产保全,还是得靠机制,靠管理手段。

接下来,将介绍五种资产保全的方法。在此之前,我们先来厘清企业究竟有哪些资产?

资产指企业过去的交易或事项形成的、由企业拥有或控制的、预期给企业带来经济利益的资源。企业资产形式多样,通常在会计核算中,我们根据资产的流动性或可变现程度,将资产划分为流动资产和非流动资产两类。

流动资产指企业可在一年或超过一年的一个营业周期内变现的资产,主要包括现金、银行存款、应收账款和存货等。非流动资产指流动资产以外的资产,主要包括固定资产、无形资产、长期股权投资和长期应收款等。

我建议老板带着财务人员整理一个《企业资产清单》,明确企业到底有哪些资产，这些资产各处于什么状态。

接下来，我们来讲资产保全的五种方法，如图 8-1 所示。

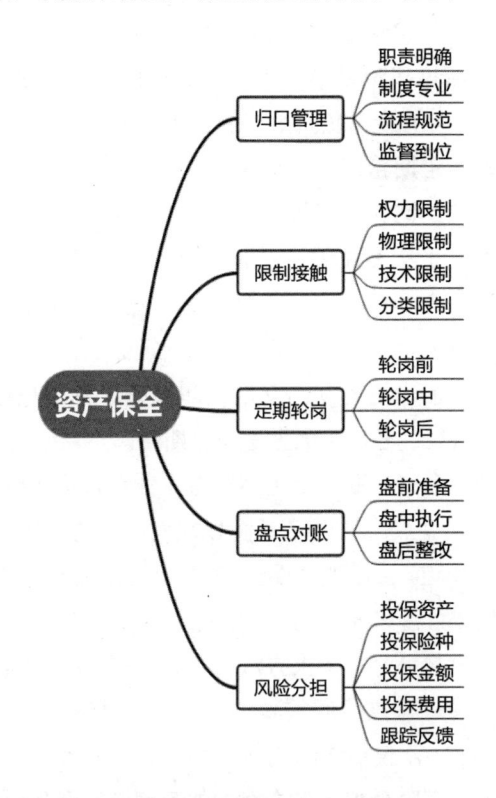

```
                    ┌─ 职责明确
         ┌─ 归口管理 ─┤─ 制度专业
         │          ├─ 流程规范
         │          └─ 监督到位
         │
         │          ┌─ 权力限制
         ├─ 限制接触 ┤─ 物理限制
         │          ├─ 技术限制
         │          └─ 分类限制
         │
         │          ┌─ 轮岗前
资产保全 ─┼─ 定期轮岗 ┤─ 轮岗中
         │          └─ 轮岗后
         │
         │          ┌─ 盘前准备
         ├─ 盘点对账 ┤─ 盘中执行
         │          └─ 盘后整改
         │
         │          ┌─ 投保资产
         │          ├─ 投保险种
         └─ 风险分担 ┤─ 投保金额
                    ├─ 投保费用
                    └─ 跟踪反馈
```

图 8-1 资产保全的五种方法

第一种，归口管理。 明确资产由谁来管理。比如，某工厂的生产设备归工程部管理，但由车间负责擦油保养。每次机器一坏，两个部门就互相推卸责任。工程部说是因为车间保养没做好，机器才这么容易坏；而车间部认为是工程部挑的设备有问题，才导致容易损坏。

企业存在这种情况，就是管得不好。都说"有妈的孩子像个宝，没妈的孩子像根草"。资产是个"娃"，归口管理就是要为每个"娃"都找到"妈"。

第二种，限制接触。即严格限制无关人员对资产的接触。比如，只有库管和仓库工人才能动仓库里的货，老板自己都不能随意到仓库里把货带走。又如，企业的IT系统都有数据库。这个数据库，只有专门负责数据的超级管理员才能维护。

第三种，定期轮岗。虽然工作交接会比较麻烦，却是发现漏洞的好办法。比如，深圳一家公司的财务总监，在工作的十几年时间里几乎从不休假。表面上看，他对工作勤勤恳恳、任劳任怨；实际上，在这十几年时间里，他利用职务之便，挪用公款超800万元。员工长期处于一个岗位，好处是熟悉业务，工作效率高，但也更容易出现腐败和舞弊。特别是对于长期和钱打交道的岗位，老板要优先考虑定期轮岗。

第四种，盘点对账。某生产制造企业在过去10年内都没有对资产进行过盘点。最近，老板心血来潮，决定进行盘点。结果，不盘不知道，一盘吓一跳：账面上记录企业固有资产7亿元，但是盘点只盘出3亿元，4亿元的资产不翼而飞。

盘点，说起来是个"土方法"，却非常好用。不仅能帮企业理清资产，通过盘点后的差异分析，还能倒逼企业业务流程优化。这样一来，不仅能节约成本，更能提高效率。

第五种，风险分担。在金财的线下课上，我做过一个调查：在上千位老板中，给自己仓库上了保险的老板不到30人。由此可见，大多数老板的风险意识有多薄弱。

疫情、水灾、空难、山火……谁也不知道，明天和意外哪个先来。老板需要有风险意识，分担风险，降低损失。

归口管理：
做好四个方面

归口管理是一种组织管理方式，通过将相似或相关业务资源统一归口管理，以降低成本、提升效率。企业中的归口管理通常包括以下四个方面：

1. 职责明确。

简单来说，归口管理就是指任何一项资产都能找到相应的负责人。为什么要做归口管理呢？我们经常会在企业中看到这样一些现象：有的资产一直没人管，一旦出了问题，各部门就开始相互扯皮，推卸责任；有的机器坏了需要维修，但是生产不能停，就先把多余的机器拿过来用，坏的机器就直接堆在杂物堆。时间久了，也不知道杂物堆的机器是好是坏，于是企业就进入了生产不够就买、坏了就堆的恶性循环。而且由于没有专门管理或负责机器的员工，企业也不能提早或及时发现问题，导致管理成本大幅提升。

如果每一项资产都有专门的人负责管理，就有可能会延长它的使用寿命。比如，老家的房子，有人住的时候还好，一旦没人住了，过不了几年就到处是裂缝。而且专业的人做专业的事，还能提高资产的使用效率，一些专业的仪器设备，比如显微镜、分子测试仪等，如果没有专业的知识储备，在使用过程中就很可能会被损坏。而资产保全做好归口管理，其实就是要帮我们实现"件件有人管，事事有回音"。

2. 制度管理。

那么资产的归口管理,应该由谁来负责呢?组织内部资产管理一定要制定相应的制度。如果企业有资产管理部门,就由资产管理部门制定;如果没有,就是财务部来制定。

有了制度,谁来管理资产实物?所有的资产,都必须保证向上能够找到负责管理的部门或人员。其中,企业有资产管理部门的就由资产管理部门来管。如果企业本身没有专门的资产管理部门,那也可以参照以下的方式,对资产进行归口管理。如固定资产可以由行政部来管,存货可以由仓储部来负责,其他的可以由财务部负责等。方式并不唯一,但一定要保证,任何一项资产都能找到其相应的负责人。

同时,资产管理还有一个很重要的点,就是谁来用?要明确资产的使用者,以及使用人的一些权责。比如,生产设备归车间操作工使用,那么日常的清洁、保养、简单维护、对异常情况的反馈,就由他来负责。

3. 流程规范。

有人管、有人负责了之后,谁来算账呢?这个主要就是财务部的权责范畴了。比如,财务部负责对资产进行登记造册、账务处理,并联合资产管理部门进行资产盘点、清查等。

具体怎么管?简单来讲,就是要按照既定的流程去执行。①按照资产分类,制定相应的作业流程。如固定资产、存货、资金管理流程等。②按照资产的全生命周期,制定资产管理流程。如固定资产全生命周期为申请、采购、领用、保养、维修、交接、停用、报废等。

4. 监督到位。

确定了资产由谁来管、怎么管之后,就是执行与监督了。首先,要明确责任,然后把资产管理与各个责任主体挂钩,使每个人都重视资产管理。促使资产的使用者、管理者和账务管理者交叉监督，形成相互制约。其次，可以采取一些比较简单有效的方法进行控制监督。比如，老板不要老坐在办公室，经常到现场转一转，就可以起到威慑的作用；又如，日常进行资产盘点，也能够及时发现异常。

限制接触：
抓住四道防线

限制接触，又叫作"限制隔离"，就是通过设置防线，让不相干的人员在未经授权的情况下，无法接触到重要信息。

在企业中，一些比较敏感的资产、容易舞弊的资产，是需要通过限制接触来进行控制的。另外，针对企业中那些需要专业知识才可以接触的资产，比如精密仪器、专业设备等，也要考虑限制接触。甚至随意接触这些设备，可能会发生意想不到的危险。

那么，该如何通过限制接触做好资产保全呢？限制接触，其实可以分为四道防线，分别为权力限制、物理限制、技术限制、分类限制。

第一道防线：权力限制。

主要根据业务需求和人员职责划分权限，使其与业务需求相匹配；同时，为不同岗位人员设置对应可操作行为的权限。比如，出纳管钱，即便财务总监是她的上级，也不能直接动钱。有些企业的老板认为公司都是自己的，钱自然也是自己的，所以想付款就付了。因此出现的账务混乱、公私不分等风险，由谁来承担？所以，出纳管钱，是组织赋予的权力，其他任何人都不能干涉，即便你是她的上级或老板。需要有一个机制去保障权力限制的落实，其核心就是加强对权限的设置和掌控，对资产的各个环节进行严格把控。

第二道防线：物理限制。

主要指通过空间以及一些物理条件的隔离和限制，对重要资产进行控制和防护。比如，你去商场里买衣服，可以随意挑选几件衣服试穿；但如果你去买珠宝首饰，你能自己随意拿出来把玩吗？它们都被妥善地放置在玻璃柜台里，而且只能从里面由店员打开，即便是看上哪个款式，也只是单独拿出来试戴一下，不会全部摆出来。这就是最简单的物理限制。

在企业中，对于不同仓库的隔离程度也不一样：一些价值较高的存货会被存放在专门的仓库，由专人看管；甚至有的企业会在仓库中再设置一层保险柜，专门存放贵金属以及一些贵重物品。也有一些生产企业，为了提高生产效率而设置一些线边仓，隔离要求就相对较低。

第三道防线：技术限制。

技术限制主要是通过软件系统和一些装置来进行。权力限制是企业赋予员工某项权力，然后通过监督其使用权力来进行控制。但技术限制不存在权力的问题，它是在技术上就让员工根本就没有机会，只要把设备或软件设置好，人就只是流程中的一环，执行动作只能听从设备指令。其中，最典型的就是软件系统的技术限制。

假如你是负责销售下单的文员，下单时需要输入产品单价。假设软件系统不做任何限制，产品单价的高低就由你一个人说了算。如果客户是你的亲戚，想要购买1万个单价为1000元的产品，你将单价改为100元，仓库也按这张单子执行了，那么，企业不知不觉中就会遭受损失。

如果企业在软件系统中设置下单人员只能输入客户名称和订单的数量，单价自动匹配，而且客户都有专门的人维护，如果是VIP客户，就会自动跳出一个VIP价格匹配，就不可能会出现价格被人为操控的情况。

比如，某公司为解决内部泄密的问题，采取了人盯人、出制度等各种方式，但是都没有起到好的效用。后来，公司通过一些技术手段，对重要文档进行了加密管控，设置对重要文档访问、修改和删除的权限，或者在文档被复制、篡改、删除前，系统会自动备份，防止敏感文档被损坏，同时留存证据，从而大大降低了风险防范成本，同时有效地保护了企业的数据资产。

第四道防线：分类限制。

分类，就是对不同的资产进行区分。限制，就是基于分类，有针对性地匹配各种限制措施。对于重要的、敏感的资产，管控措施会比较严格，对于那些不太重要、流失风险不大的资产，可以稍加放松管控，降低管理成本，也降低对业务效率的影响。

那如何对资产进行分类呢？根据资产本身的特性，以及企业的管控目标具体设计。打个比方，客户是企业的一项重要资产，企业可以根据实际运营需要，简单将客户划分为战略性客户、一般客户、小客户等。对于战略性客户，企业主要交由部门主管或销售冠军负责跟踪维护；对于一般客户，就交给有一定工作经验的职员负责；对于小客户，可以适当地分一部分给新员工，作为历练。

其实，分好类之后，该采用什么样的限制措施就很明显了。这时候，我们就可以从前面讲到的几种限制措施的手段中选择合适的方法匹配使用。

定期轮岗：
防范腐败风险

如果一个人长期在同一岗位上任职，不可避免地会积累大量的资源；尤其对于高管来说，难免"拥兵自重"，将个人利益与部门利益捆绑，进行资源垄断，甚至产生贪污腐败的现象；有时核心人员突然离职时，甚至会带动整个核心团队集体出走，这对企业往往会造成毁灭性的打击。通过定期轮岗制度，则可以很好地避免这些风险，提升各环节的安全性，从而保障资产安全。

定期轮岗，不仅能防范腐败、舞弊风险，同时，还能为企业培养复合型人才和强有力的后备军。比如，华为规定：研发要懂客户需求，所以要去销售轮岗；销售要懂产品性能，所以要去生产体系和开发体系轮岗；职能要懂业务痛点，所以要去业务体系，比如研产销等主价值链环节部门轮岗；专家要懂一线问题，理论结合实践，所以要去一线轮岗等。

当然，定期轮岗虽然是一种先进的管理方法，但在具体实施中依然会面临各种各样的问题。比如，有的企业可能某些特别需要轮岗的岗位没人，但是无关紧要的岗位倒是轮了。有的老板说："我没有那么多人，怎么轮？""定期轮岗，员工都不愿意去，怎么办？""也轮岗了，但是员工到了新岗位不会操作，工作效率低，怎么办？这些都是公司的成本啊！"

为什么要安排定期轮岗？是为了防范发生腐败、舞弊的风险，为公司发展储备合适的人才。哪些岗位需要轮岗？哪些人要轮岗？某公司规定，出纳、仓管、设备维修等直接与钱、实物打交道的岗位和人需要定期轮岗。比如，负责收货入库的与负责发货的人要轮换，长时间负责收货入库，容易和供应商勾结，损害公司利益，长时间负责发货也容易和生产领料的人勾结舞弊，贪污公司资产。这两个职位进行轮岗，可以降低舞弊风险。又如，来料检与制程检轮换、三分厂的机修与二分厂的机修轮换等。

知道了哪些岗位需要轮岗、哪些人要轮岗，那这些岗位需要多长时间轮一次呢？时间短，轮岗成本高；而时间长，轮岗成本倒是很低，但起的作用有限，又会面临新的难题。这个时候，企业就要依据自身的实际情况来确定了。表 8-1 是某公司实物资产作业轮岗年限。

表 8-1　某公司实物资产作业轮岗年限

资产	岗位	轮岗年限
货币资金	出纳	2+1
存货	入库	1+1
	出库	1+1
	保管	2+1
	账目	3+1
固定资产	维修	2+1
	台账	3+1

如表 8-1 所示，出纳这个岗位的轮岗年限是"2+1"，代表出纳做两年就要安排轮岗了，最长任职时间不能超过 3 年。当然，不同的企业还要依据自身的实际运营情况，制定不同的标准。

但有的定期轮岗，员工不愿意去，怎么办？

比如，有些企业的出纳岗位长期都没轮岗，因为大家都不愿意去做出纳。但不能因为大家对出纳这个职位有一点轻视，就不进行轮岗。这时，财务总监或财务经理就要注意了，你要持续地培养人，由新人来负责这个岗位，并且提高对老出纳的要求。

而且，轮岗有门槛，不是每个人都有这样的机会：轮岗针对的是优秀员工。而且由于它的机动属性，轮岗本身就可以提升员工的能力。当然，有的企业也会将一些职位的轮岗设置为升职加薪的必要条件，甚至有的企业会设立轮岗基金，给予轮岗过程中表现突出的员工额外的奖励，从而减轻员工的抵触情绪。

员工愿意轮岗，但是到了新岗位不会操作，工作效率很低，怎么办？

轮岗在短期内必然会降低工作效率，主要是由于新旧工作的交接磨合，以及员工对新岗位的熟悉了解需要一定的时间。那有没有解决办法呢？我们前面讲的"业务流程化"和"管理标准化"其实就给出了答案。

疏通企业的业务流程，制定明确的规则，将日常的一些工作方法、技能和培训经验等积累沉淀，形成标准化体系。比如，设计合理的轮岗频率、错峰轮岗制度等，讲清楚轮岗的各项规则与要求；建立岗前与岗位培训体系，提高在新岗位的适应能力。这样就能让新人快速上手，尽可能缩短适应时间，降低成本。

盘点对账：
掌握四个要点

广州某公司一直与客户使用按月结算货款的方式，账期为三个月。但上一次结算后公司没有及时和其中一个客户对账，导致账目混乱，需要重新进行对账。这一对，就对了两个月之久，货款也一拖再拖。客户以之前的货款要挟公司延长账期，但是若继续赊销，公司的应收账款越来越多，面临的经营风险也越来越大。

说到这里，我想请各位老板思考一个问题：你的企业成立至今有进行过盘点对账吗？盘点过几次？多长时间盘一次？

1. 盘点对账的作用。

作为资产保全的一种有效手段，每次盘点对账都是企业发现和解决问题的机会。

第一，盘点对账可以查漏补缺。盘点对账可以让企业及时发现问题和管理漏洞，从而及时补救。比如，南京栖霞某公司进行了一次临时盘点。盘点结果显示，某物料亏空20吨，货值近30万元。公司经过调查后发现，仓管与供应商长期勾结以牟取利益。比如，将多个物料虚入库或多入库。如果不是因为这次临时盘点，估计这个隐患还会长期存在，资产就在老板不知不觉中流失了。

第二，盘点对账可以威慑监督。持续的盘点与对账，就像是安装了一个无死角的摄像头，只要出现异常，就会被及时发现，并追查原因，无形之中起到威慑监督的作用。那些故意的或不小心的行为将会大大收敛，一些可以避免的或不应该出现的异常，就会在事前避免或扼杀。同时也会督促相关人员认真工作，流程运转会更加顺畅。

比如，一家服装店的老板娘坚持每天盘点库存，其实就是为了告诉店员，自己时刻在关注库存情况。又如，某公司的销售人员观察发现，公司几乎从来不与客户对账。于是，他与客户勾结，多次在发货后不签回单。后来，公司与该客户停止合作时，客户不承认这些没有签回单的订单，公司损失近300万元。

第三，盘点对账可以保留证据。盖了章的对账单不仅可以作为法律诉讼的依据，还可以延长诉讼时效。法律规定：从每次对账单寄出开始，诉讼时效两年，但需要保留快递签收记录等基础凭证。同时，盘点表、对账单也是绩效评价的基础依据之一。此外，账务如果出现差异，盘点对账记录还可以作为内部调账的依据。

所以，盘点对账是资产保全的有效手段，合理有效的盘点对账不仅可以帮助企业做到账账相符、账实相符，而且可以确认资产、保障安全，为决策与运营提供准确的数据。

2. 怎样才能做好盘点与对账。

第一，明确时间。选择是定期盘点对账，还是临时盘点对账。

定期盘点对账是为了建立盘点与对账的机制，在固定的时间节点进行，从而让工作更有节奏，也可以在一定程度上保障资产安全。比如，每年盘点一次固定资产和无形资产、每月盘点一次存货，每天及时盘点现金、每月对银行存款和应收账款进行对账等。而临时的盘点对账多是为了应对突发情况，或者出于核查与交接两种特殊情况。

临时盘点对账同样可以起到保全资产、查漏补缺、威慑监督、保留证据的作用，甚至有时能发现定期盘点对账无法发现的问题。

第二，制订计划。凡事预则立，不预则废。通常情况下，企业做不好盘点、对账，80%的原因是没做好计划。

所以，在盘点或对账前，一定要讲清楚：什么时间对账或盘点、对哪些账（仓库）、哪些人要参加、需要哪些部门配合、有什么注意事项、采取什么样的方法等。

第三，按计划执行。确定好计划之后，重要的就是按照既定的计划去落地执行。对固定资产、应收账款、存货、银行存款等资产进行盘点的具体方法有翻牌法、分批法、报警法等；企业在进行实物盘点时，除了点数，还需要关注盘点物本身等。

第四，差异处理。前面我们提到，每次盘点对账都是发现和解决问题的机会。但是，如果盘点对账后没有进行差异分析与处理，那么这些机会就会白白从手头流失。

比如，某公司在盘点时发现一批过期的存货。经过调查发现，造成这批存货过期的原因有两个：一是盲目订货；二是出库时没有遵循先进先出的原则。据此，该公司重新梳理、优化了订货管理流程和物料出库流程，从源头上解决了类似问题。如果该公司盘点后不做原因分析，就不可能发现真正的原因，也就不可能解决问题。

又如，湖南某五金公司每年都会发生四五起仓库材料被盗的事件，但是具体丢失了多少却没有人知道。公司每个月都会进行库存盘点，为什么还会发生这种情况呢？因为盘点后出现的差异项太多，仓库员工不愿意一项一项查找原因；但财务又要求必须查清后才能进行财务调整。双方都有各自的道理，就这样僵持下来了。公司库存不准，自然经常被盗。该怎么处理这种状况？正常情况下，如果在规定时间内查不到差异的真正原因，那就应该向上汇报，由上级领导介入后续操作。

所以，差异处理的重心不在于处理，也不在于账务调整，而在于通过差异分析找到根本原因，进行整改与优化。

风险分担：
实施规避手段

风险分担，顾名思义就是风险转移。在企业经营过程中，公司的存货、固定资产、应收账款、无形资产等都会面临各种各样的风险，不同的资产所面临的风险不同，但是都有相对应的风险分担方法。

当然，一些天灾人祸带给企业的可能是关乎生存的意外风险，防不胜防，避无可避。这个时候，最有效的风险分担手段就是购买保险，即对资产进行投保。2021年，京广鞋城3000多家商户近3亿双鞋子被水浸泡，总价值损失超过10亿元。多年的辛劳打拼，在天灾面前无助且渺小。但如果当初这些商户有风险意识，为自己购买财产险，至少还能挽回一些损失。

企业可以采取共享库存的方式分担存货风险。由于市场的不稳定性，某行业关键原料必须整柜采购，为了节约物流、清关费用和缓解库存压力，两家公司选择共同采购一柜，共担风险。VMI供应商管理库存也是企业分担存货风险的一种选择。库存管理和所有权属于供应商，直到零售商将货物售出。其间，零售商要负责看管库存并对库存损坏负责。这种方法不仅能降低企业管理成本，还能有效避免资金占用及呆滞风险。

美的在实施VMI后，零部件的库存周转率上升至70～80次，库存周期也由原来5～7天大幅降低至3天，而且这3天的库存也是由供货商管理并承担相应成本。库存周转率提高后，一系列相关的财务"风向标"也随之"由阴转晴"：资金占用率降低，资金利用效率提高，资金风险下降，库存成本直线下降。

如何分担固定资产的风险？对于非核心竞争力的固定资产能租不买，比如厂房、仓库；一些非核心的业务也可以考虑外包，比如产品的包装业务、仓储业务等。而对于核心的固定资产，比如一些大型的机器设备，也可以考虑通过融资租赁分担风险等。

出口企业应收账款的风险分担方法，就是购买出口信用保险。出口信用保险是由国家财政提供保险准备金，主要承保企业应收账款来自国外进口商的风险，甚至对于交易双方都没有办法控制的政治风险，也可以通过出口信用保险规避，将应收账款变为安全性和流动性都比较高的资产。

当然，风险分担必然会产生一定的成本。因此，不论企业最终选择哪种风险分担的方法或手段，都需要慎重考虑平衡收益与风险，尽可能将风险转移、降低。还要注意持续地跟踪调整。随着时间的推移，企业面临的风险不断地在发生变化，收益与成本当然也在发生变化，资产保全的风险分担措施也需要不停地进行收益与成本的评估，以实现新的平衡。对于不同资产所面临的各种风险，有针对性地采取合适的风险分担方法，更大限度地保全资产。

实战思考

船到江心补漏迟。有不少学员，在发生员工偷盗、贪污和自己被诈骗以后，才心急火燎地打电话、发微信向我咨询解决方法。大多数时候，我也只能告诉他们"亡羊补牢，为时已晚"。

各位读者，你们企业资产还安全吗？有哪些保全的方法？

第9把刀

计划预算：
谋定而后动，
以免越忙越穷

计划预算的三大好处及模型

什么是计划预算？简单来说，一个人想做成一件事，首先要确定目标，再明确何时做、在何地做、如何做、需投入多少资源等问题。而把计划进行数据量化，就是预算。作为企业内部控制的一把绝杀刀，计划预算可以帮助企业更精准地投入资源，避免资源浪费，减少无效支出，从而更高效地赚钱。从这个角度来讲，做计划预算至少有以下三点好处：

第一，明方向。 没有计划，企业就如同无头苍蝇，不知道该向哪个方向前进。有了计划和目标，企业才有方向、有路径。所以，计划可以让管理者有的放矢，让企业前景清晰可见。同时，清晰的计划和目标也能够给团队足够的安全感，从而提升团队的行动力与执行力。

第二，强管理。 从本质来讲，制订计划的过程就是企业统一上下意志、明确战略方向并盘点家底的过程。充分且完备的事前计划能帮助企业做到有备无患，即使出现一些突发情况，企业也有可以参考利用的资源框架，从而提升经营管理的投入产出比。

第三，控风险。 有句俗话讲："赚钱如针挑土，花钱如水推沙。"在企业经营的过程中，老板不可避免地会面临各种各样的风险，只有做好计划预算，才能有效地控制和降低经营风险和决策风险。老板权力很大，每天都在做决策。如果老板盲目决策，就很可能会把企业推向深渊。

内蒙古某老板是靠煤炭发家的,近几年煤炭生意不好做,他就想转型。老板听说租地种苜蓿、养牛羊特别挣钱,于是脑子一热,直接投了3000万元种地。结果,他租的地是盐碱地,苜蓿产量只有正常产量的40%。显然,这个老板在实施投资决策前没有做任何计划,更别说是可行性分析了。但凡老板有一点这种意识,投资前做个风险排查,也不会租来一块盐碱地。

后来,老板觉得自己都已经投了3000万元,不能就这么算了,于是又追加投入1500万元用于改善土质,苜蓿产量勉强达到了正常产量的60%。老板选择了继续经营,但是从未设想自己到底能承受多大的风险,有多少资源可以投入。老板就这样硬撑了两年,加上运营费用,陆续又亏损了2000多万元,最后实在撑不下去了才叫停。

因为一开始没有做好计划,在三年时间内,老板前前后后一共亏损了6500多万元!如果老板提前做好计划预算,事前分析项目的可行性,或许就不会出现这样的结果了。即便决策失误,也能选择及时止损,不会这么被动。

《孙子兵法》有言:"先胜而后战,谋定而后动。"这句话的意思是说,一定要进行谋划部署,做好准备再开始行动,如此才能更好地走向成功。其实,经营企业和带兵打仗是一个道理。有的老板,做事之前有目标、有谋划、有章法,投资的项目都能赚钱;有的老板则全凭运气赚钱,最后也是凭实力把赚来的钱亏掉。

因此,老板一定要做好顶层计划。而战略预算就是对顶层计划的量化,是老板战略和意图的数字化表现。同样,团队计划来自企业的顶层计划,不同的团队承接顶层计划的不同部分;个人计划就是对团队计划的执行。

在企业经营的过程中,不论是老板、团队,还是个人,都需要计划预算,谋定而后动,避免越忙越穷。那么,该如何正确地做计划和预算呢?有一个特别好用的管理模型——OTR-BE。

其中，O代表目标，即企业要明确做一件事的目的；T代表策略，即找到实现目标的关键抓手，并据此分解行动步骤，制定行动方案；R代表资源，即实现该策略需要匹配什么样的资源。接下来，通过图9-1详细讲解一下O、T、R之间的关系。

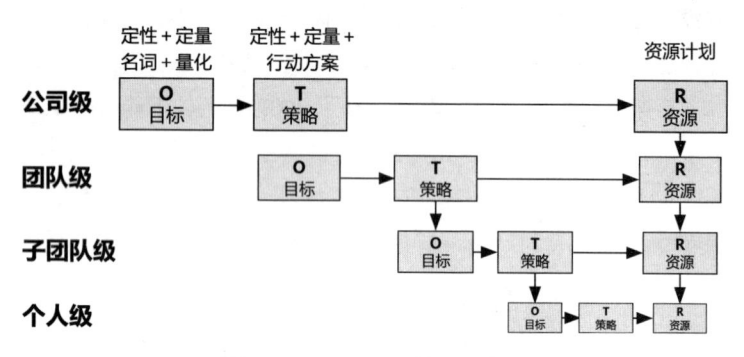

图9-1 O、T、R关系示意图

一方面，三者是承接关系，自上而下层层传递，上一级的策略就是下一级的目标。上下对齐，千斤重担人人挑，把"老板做，大家看"，变成"大家做，老板看"。每个人都知道自己该做什么，老板、经理和员工都专注于自己应该做的。

另一方面，三者是因果关系，环环紧扣，策略达成等同于目标达成。以策略为主，重点是"如何做"。没有策略，就没有抓手，无法落地。识别达成目标的关键要素，从而有针对性地匹配资源，避免浪费。

最后，我们再来讲"BE"。B是预算，用预算校准计划，使计划量化，计划让任务被看见，预算让任务摸得着；E是执行，按计划执行、过程跟踪反馈、复盘迭代等，保证计划落地。

其实，只要运用好OTR-BE模型，老板就能用一张表看清团队的工作进度，同时也会让老板及团队更加重视对执行的规划和资源的配置。接下来，我们将从老板、团队与个人的角度，分别来讲如何用好计划预算这把刀。

需做计划预算的两大理由

老板如何用好计划预算这把刀做战略、做预算？想要弄懂这个问题，我们首先要明确老板为什么要做计划、做预算。有以下两个理由：

第一，计划和预算可以使老板的想法更加清晰，从而避免团队无方向发展，减少资源的浪费。有位企业家曾说："决策失误，是一个企业代价最高的成本。"商场如战场，如果老板的决策错误导致资金、资源、时间和劳动力的浪费，老板又如何继续领导队伍？所以，企业最大的成本就是老板的决策成本。企业领导者的责任是保证队伍向着大致正确的方向前进，而不在于自己事必躬亲，冲锋陷阵。就如我经常说的：不要用战术上的勤奋掩盖战略上的懒惰。

第二，计划和预算可以将老板的想法更准确地传递给员工，让大家一起向着战略目标努力。战略源于老板的想法。计划预算之所以成为内控的一把绝杀刀，就是因为它能对战略进行解码，是一个让战略可落地、可执行的强大武器。在这里介绍一种帮老板制定战略的方法，我称为"五看三定"，如图9-2所示。通过看行业（趋势）、看市场（客户）、看竞争（同行）、看自己明晰企业未来方向，从中看到机会。看到机会后，定战略控制点（S）、定目标（O）、定策略（T）。需要注意的是，这里的定目标和定策略，就是OTR-BE中的O、T。

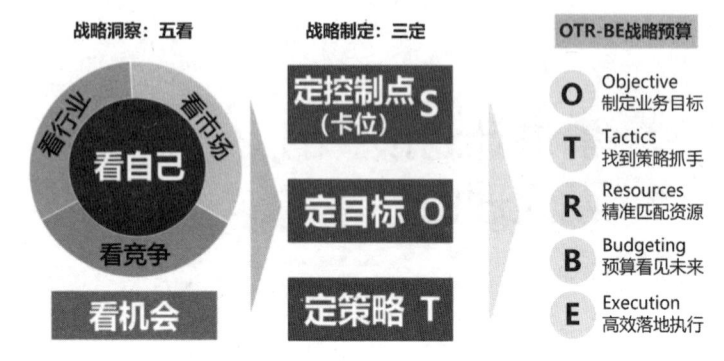

战略洞察：五看　　战略制定：三定　　OTR-BE战略预算

看行业　看市场　看自己　看竞争　看机会

定控制点 S（卡位）
定目标 O
定策略 T

O　Objective　制定业务目标
T　Tactics　找到策略抓手
R　Resources　精准匹配资源
B　Budgeting　预算看见未来
E　Execution　高效落地执行

图9-2　战略制定的方法：五看三定

老板如何做计划？先制定目标，再制定行动方案，最后看如何匹配资源，也就是OTR-BE中的OTR。为什么要制定老板目标？老板没目标，团队就会没方向，只能像脚踩西瓜皮一样，滑到哪儿算哪儿。有个老板每次开会都要问员工下一步准备怎么做，员工说了一下实际的问题，就没下文了。每次开会，几乎都以这种问答形式进行。后来有个新员工向老板提问："老板，我们未来的目标是什么？"老板说："这个问题是你该问的吗？"老板没有目标，也不允许员工问，员工也不知道下一步怎么做。

老板制定了目标就代表万事大吉了吗？不一定。老板制定了目标，但是并没有将细节告知团队。结果导致团队只能边揣摩边采取行动，造成企业的内耗。某老板在开会时宣布要开发新市场，别的什么也没说，这给了各个部门拉帮结派争夺资源的空间。结果，企业不仅损失了投入的500万元，新市场的开发也面临失败。

如果老板有目标，但目标太大、脱离实际，就会变成纸上谈兵，根本无法执行。某美容仪器公司老板看欧洲市场业绩很好，决定进军全球市场。但他忽略了公司当前人手有限、资源开拓新市场能力较弱的实际情况。结果，不仅新市场没打开，旧市场份额还下降了。

如何更好地制定老板目标？老板可以从规模、盈利、效率和风险四个方面思考（见图9-3），同时，借助SMART这一目标管理工具（见图9-4），帮助老板检验目标是否明确。

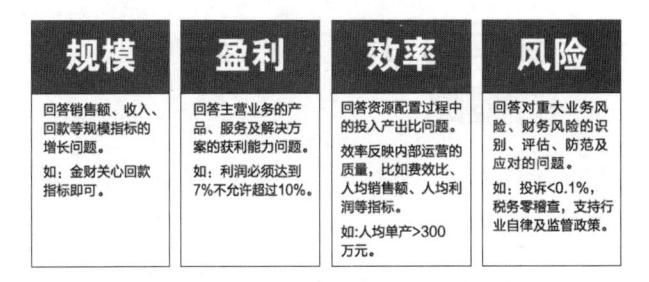

规模
回答销售额、收入、回款等规模指标的增长问题。
如：金财关心回款指标即可。

盈利
回答主营业务的产品、服务及解决方案的获利能力问题。
如：利润必须达到7%不允许超过10%。

效率
回答资源配置过程中的投入产出比问题。
效率反映内部运营的质量，比如费效比、人均销售额、人均利润等指标。
如：人均单产>300万元。

风险
回答对重大业务风险、财务风险的识别、评估、防范及应对的问题。
如：投诉<0.1%，税务零瑕疵，支持行业自律及监管政策。

图9-3　企业定目标的核心4词8字

S—M—A—R—T

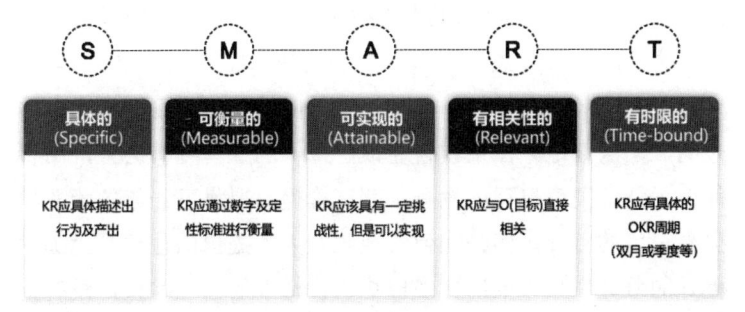

具体的 (Specific)
KR应具体描述出行为及产出

可衡量的 (Measurable)
KR应通过数字及定性标准进行衡量

可实现的 (Attainable)
KR应该具有一定挑战性，但是可以实现

有相关性的 (Relevant)
KR应与O(目标)直接相关

有时限的 (Time-bound)
KR应有具体的OKR周期（双月或季度等）

图9-4　目标管理工具SMART

为了能更清晰地传递老板的目标，我们总结出了目标的最佳呈现公式：定性描述+量化数据。接下来，以金财公司制定目标的过程为例，详细解释这个公式。

通过对行业趋势的判断与对客户的分析，结合金财自身的优势，我们看到了一个机会：融合前中台资源贴近客户，为客户创造价值。于是，我们制定了名为"根据地计划"的战略。为了实现这一战略，我们从规模、盈利和效率三个方面思考后，制定了在全国建立根据地、实现15亿元营业额的目标。这个目标够不够明确？能不能执行？我们用SMART工具检验一下。最后，优化后的目标是：在全国建立30个根据地，2023年营业额达到15亿元。这就是一个目标的制定过程。

老板用好计划预算的策略

策略T，就是把老板目标具体化。定好的目标怎么做、谁来做、什么时候做、需要做到什么样的结果，都需要有具体的章程。这里，我们先说两个误区：

第一，老板有目标，但是没有对应的策略，目标就像空中楼阁，无法落地。在某饮料连锁店每年的经营分析会上，高管都很踊跃地发表自己的意见。有高管提出要将下一年的营业额提高三倍的目标，但是如何实现呢？大家提出的往往是"提供更好的服务"或"推出更多口味的饮料"等老生常谈，没有把目标具体化，可想而知是无法落地的。

第二，有相应的策略，但是不够清晰。策略不清晰，往往导致项目难以完成，最后要全员赶工。可想而知，结果也是不尽如人意。没有量化，没有步骤，也没有责任人，等于穷忙！

为了更好地呈现策略，我建议的方式是：文字描述+量化指标+行动步骤。

以金财的"根据地计划"为例来讲解如何将目标具体化、如何制定行动方案。我们制定了在全国建立30个根据地、2023年营业额达到15亿元的目标。策略的制定就是把目标量化。即怎么做？谁来做？什么时候做？需要得到什么样的结果？于是我们群策群力，一起头脑风暴。最后得出的策略是：①在每个根据地建立营销团队和技术支持团队，二者比例为6∶4。

②团队人数：100人（销售60人、技术40人）。③人均产能：50万元。

俗话说"兵马未动，粮草先行"，策略制定后，老板要配备资源，给人、给钱、给支持、给政策，等等。

注意，前方有两个坑：

第一，有目标，有策略，但不给资源，团队无法落实。比如，项目工期紧，资源不足，负责人把时间、精力都用在协调资源上，还经常出错，最后项目多半会失败。

第二，乱给资源。某房地产运营部需要增加一个懂平台运营逻辑的人才。总部派来了一个运营负责人，这个负责人虽然不懂平台运营工作，但非常喜欢指挥。他让本来就很忙的BP做运营，运营人员做BP。这样不合理的安排让员工怨声载道，工作进展十分不顺利。

重要的岗位匹配了错的人，就会让事情一塌糊涂。有的资源不足，有的资源严重浪费，导致资源利用效率极低，甚至发生舞弊。最后，还是公司来收场。

应该怎样来配置资源呢？

我们制定了目标，也有了策略，总部应该匹配什么资源？给什么支持呢？总部给各根据地的资源配置如下：①配置足够大的办公场所、会议场所、OPP会场等。②根据地负责人，由从众多技术骨干中选拔出的优秀人才担任。③干部系统，包括邀约体系、服务体系的组织架构等的复制。

以OTR-BE指导团队做到计划预算

好团队是管理出来的，也是计划出来的。团队计划来自老板的计划，对团队计划的量化就是团队预算。老板做了计划、预算，为什么团队还要做计划和预算？团队如何用好计划预算这把刀？

计划要做到向上对齐、向下分解、左右拉通，这是为了保障最顶层的老板战略有支撑、可落地。伦敦商学院做过一项调查，数据显示，有近1/3的高管不清楚公司前三项工作的优先级排序，更谈不上了解公司战略。高管需要带团队，如果连高管都不清楚公司战略，老板又怎能期待员工明确公司战略意图？如果团队不了解公司战略，老板又如何期望他们每日的工作会对公司有益？

只有让团队做计划预算，他们才知道需要什么能力，需要什么资源，做到缺什么补什么。同时，老板也知道为什么要给资源，这资源都给了谁，给到了哪里。

我们用OTR-BE指导团队如何做计划和预算。团队目标O来自老板OTR中的T（策略），团队目标要向上对齐。这里的团队，包括企业的各职能部门。团队目标是企业经营的全方位目标，不只是销售、订单的目标，还包括研发、生产、供应链、内部管理的目标。团队间的目标要协调一致，避免相互冲突。

大家要注意，团队目标有两个坑：

第一，团队目标没有与老板目标对齐，越努力，离老板要求就越远。货运公司老板曾向一个咨询师请教如何促进企业发展。咨询师问老板以及公司的中高管们："公司的目标是什么？"财务经理说公司目标是尽可能获取最大利润，营销经理认为是创造最高营业额，而生产经理认为准时地运送货物才是公司目标。其实，他们的想法与老板的想法都不一样，老板是希望公司规模能逐年扩大，并提高市场占有率。如果目标没有对齐，各部门的运作就会像多头马车，时间一长，离老板的目标也就越来越远了。

第二，各部门间的目标冲突会造成资源浪费，增加管理成本。比如，生产部的目标与计划部的目标冲突。生产部的目标是产量越多越好；计划部的目标是控制库存，满足供应需求。两个部门经常有矛盾，相互扯皮。比如，财务部的目标与业务部的目标冲突。业务部的目标是销量，财务部更看重回款；业务部要求发货，财务部说款到了才能发货。两个部门之间天天吵架，相互使绊。

团队目标承接老板的策略，该怎么做呢？这里介绍一个团队目标确定的三赢原则：跑赢大盘、跑赢竞品、跑赢自己，如表9-1所示。

老板还要特别注意的是，要辨别自己企业所处的阶段，才能正确对标。某公司团队的业绩目标为5000万元，这一目标是如何确定的？跑赢大盘：行业第三名业绩为4000万元，第一名为6000万元，团队经过讨论，取二者中间值。跑赢竞品：主要竞争对手的业绩是4000万元，团队要挑战并超越它。跑赢自己：上一年团队自己的业绩是4200万元，要比过去的自己更优秀。

这样，团队的业绩目标就制定出来了。然后，团队可以对照表9-1，对其中的指标进行细化。团队目标清晰后，策略T就要解决战术的问题。团队的策略同样是把目标具体化，伟大的想法总是毁于细节，计划好细节是团队成功的关键。

表 9-1 团队目标确定的三赢原则

和谁比	如何定位自己	比什么	原则	适用情况
跑赢大盘	做行业的前三、独角兽	比上年行业排名更靠前 市场份额增加	增速＞市场增速	排名靠前 成熟期企业
跑赢竞品	挑战领导者 拉开跟随者差距	营收增长率 利润增长率 人员规模 人均产出	增速＞对手 增效＞对手 规模＞对手	行业竞争激烈 竞争对手清晰 成长期企业
跑赢自己	比过去的自己更优秀	增速加快 效率提升	增速＞过去 增效＞过去	头部企业 无市场对比数据 初创期企业

这里要注意，团队策略容易进入一个误区，就是目标与部门行动方案常常脱节。比如，很多公司的目标是HR部门制定的，而各部门的行动计划是自己制定的，它们没有形成紧密联系，为什么？跟钱有关系。公司目标跟绩效挂钩，大家不得不重视。但是行动计划没和绩效挂钩，于是目标归目标，行动计划归行动计划，二者严重脱节。最后，时间浪费了，也错过了实现目标的机会。

怎样做团队的策略？如图9-5所示，共有五种帮助团队找策略的好方法：定性机会点、定量聚焦重点、可行性确定选择、抓手充足性检查和输出目标及费用预算。

图 9-5 帮助团队找策略的五种方法

另外，5W1H分析法和MECE法则也可以帮助团队确定策略。

5W1H分析法是一种思考方法，在企业管理、日常工作生活中都有广泛的应用。5W1H分析法也叫六何分析法，是对选定的项目、工序或操作，都要从原因（为什么做Why）、对象（什么事情What）、地点（什么地点Where）、时间（什么时候When）、人员（什么人Who）、方法（如何做How）等六个方面提出问题进行思考。

MECE法则的意思是"相互独立，完全穷尽"，即"不重复，不遗漏"。我们沿用前面的案例，分五步，用MECE法则来讲解如何做团队策略：

第一步，明确目标。团队想要完成5000万元的业绩，完成关键是客户。

第二步，目标分解。将大目标分解为小目标，单个小目标之间要相互独立，全部小目标要完全穷尽。团队可根据客户类别进行划分，例如分为新客户、跟进中的客户、老客户三类。

第三步，将小目标分解为更小的目标，使其相互独立，完全穷尽。团队对不同客户采取不同策略跟进完成。例如，针对新客户，开辟更多获客渠道；跟进中客户，提高客户的签单率；促进老客户的加保。

第四步，针对最小的分解目标，列举解决方案，要求各方案相互独立，全部方案完全穷尽。在新客户下，添加可拓展的新渠道列表；在准客户下，添加促成方案；在老客户下，添加老客户回访计划等。

第五步，选择一套可执行的方案。

团队执行计划预算的两种方法

企业制定了团队目标,有了策略,也配有相应的资源,接下来就是怎么落地执行的问题。预算B,就是算好账,精确地投入资源。

注意,团队预算有两个坑:

第一,盲目投入资源,就会变成乱打一通,最后一败涂地,就算运气爆棚,也是伤敌一万,自损八千。

"东北华联"就是一个典型的例子。"东北华联"上市后有了上亿元进账,就开始盲目扩张投资,各部门争着抢报项目,高层感觉好就投,一点儿也不犹豫。仅一年,"东北华联"就摇身一变成为拥有55个全资子公司、6个控股和参股企业和5.6亿元资产的综合性企业集团。企业是"长"大了,新上马的项目也很多,却无一成功。不到两年时间,公司损失近2亿元,资金被挥霍一空。

第二,行动方案与资源配置脱节。比如,行动计划与人力资源脱节,在制订行动计划时没有沟通,忽略了一些周期问题,最后出现计划是计划、资源是资源的情况,目标的完成更是遥遥无期。

接下来,我给大家介绍两个做团队预算的工具:目标规划表(见表9-2)和费用预算表(见表9-3),以帮助企业更好地做团队预算。目标规划表将目标拆解到各个团队、产品,拆解到每月、每季度、每年，由专人负责各具体事务，例如将运营细分为产品运营和店铺运营等。

表 9-2 目标规划表

产品	2024年销售额目标GMV								季度实际达成率			
	1月	2月	3月	……	10月	11月	12月	Total	占比	1—3月	4—6月	7—9月	10—12月
产品系列1													
产品系列2													
产品系列3													
产品系列4													
Total													

产品	2024年销售额目标增长率								季度实际达成率			
	1月	2月	3月	……	10月	11月	12月	Total	占比	1—3月	4—6月	7—9月	10—12月
产品系列1													
产品系列2													
产品系列3													
产品系列4													
Total													

产品	2024年销售额目标GMV								季度实际达成率			
	1月	2月	3月	……	10月	11月	12月	Total	占比	1—3月	4—6月	7—9月	10—12月
产品系列1													
产品系列2													
产品系列3													
产品系列4													
Total													

费用预算表将预算拆解到团队与产品，由业务和财务统一费用预算科目和核算范围，专人、专项、专款，使目标、预算、跟进有抓手。

表 9-3 费用预算表

二级科目	三级科目	四级科目	核算范围（解释定义）	合计	1月	2月	3月	……	10月	11月	12月
销售费用	平台推广	直通车	天猫平台站内直通车推广实际消耗费用（搜索点击付费）								
		钻展	天猫平台站内钻展推广实际消耗费用（页面展现）								
		品销宝	天猫平台站内品销宝推广实际消耗费用（点击付费）								
		超级推荐	天猫平台站内超级推荐推广实际消耗费用（手淘猜你喜欢）								
		淘客	淘宝客佣金费用及天猫渠道其他推广佣金								
		淘宝直播	淘宝直播费用								
		天猫其他	天猫其他推广费用								
		京准通—快车	京东—快车费用								
		京准通—直投	京东—直投费用								
		京准通—购物触点	京东—触点费用								

有一句话是这么说的:"有计划,无执行,一切等于零;有执行,无跟踪,竹篮打水一场空。"执行(E)就是要按计划执行,过程要跟踪纠偏,再总结反馈,最后复盘迭代。怎样才能执行好呢?这里介绍两种方法:三会三报和"三全"复盘法。三会三报中的"三会"指团队周会、跨部门月会、管理层月会,"三报"指日报表、团队记分卡、项目进度表。

管理团队要建立重要会议沟通机制,驱动定期、统一平台沟通,形成跨部门统一业务语言。不同的会议,其价值和作用是不一样的。

1. 团队周会。

在我看来,团队周会还有五个别名,至少起到以下五种作用:第一,成果展示会,展示团队每个人的工作进度和工作成果。第二,总结会,总结问题、总结差距、总结员工的个人表现。第三,学习阶梯会,给员工提供辅导或培训。第四,计划承诺会,计划下一周的工作安排,根据完成结果实施奖优罚劣。第五,员工表彰会,树立每周榜样,公开表扬优秀员工,使其起到模范带头作用。

2. 跨部门月会。

这类会议可以起到什么作用呢?市场部与销售部可以在会上同步产品或活动计划,配合各渠道需求,输出紧密衔接的营销节奏;财务部和营销部可以在月会上回顾月度费用使用情况和效率,制订下一步的计划;需求评审会月会可以讨论滚动六个月的需求,并确定接下来一个月的需求。

3. 管理层月会。

它的作用主要有以下四点:第一,汇报结果,总结经验。上一场仗有没有打赢?如果打赢了,有什么东西可以提炼出来变成流程、制度。第二,找差距,分析根本原因。找出某些指标、目标的不合理之处，发现某些业务、产品失败的根本原因。第三，探讨产生这些差距的根本原因。第四，下一步目标、策略及需要的资源是什么。

除了开会，报表也是一个很好的管理工具，如何让报表成为管理者的左膀右臂？不同的报表有不同的用处。例如，日报表可以帮助老板跟踪每天的业务数据及趋势动向，项目进度表能够让老板随时关注重点项目的进展情况，团队记分卡能够清晰准确地反映各个团队的工作进程及结果。某公司销售团队记分卡如表9-4所示、子团队记分卡如表9-5所示。

表9-4 销售团队记分卡

时间进度：77.8%　　报告时间：××××年×月
更新时间：_____

符合预期
不符合预期

××团队记分卡		单位	年度			季度			月度			达成（按月份）											
指标			年度目标	年度至今	达成%	同比%	季度目标	达成%	同比%	月度目标	月度至今	达成%	同比%	1月	2月	3月	4月	5月	6月	7月	8月	9月	10月	11月	12月
结果指标（关注用户价值）																									
1.销售额		万元																							
	1.1 净销售额	万元																							
	1.2 增长率	%																							
	1.3 (新品)净销售额	万元																							
2.市场份额		%																							
3.预测准确率		%																							
过程指标（关注内部运营）																									
1.加购人数增长		人																							
2.UV数		人																							
3.UV价值		元																							
4.主图点击率		%																							
5.用户服务																									
	5.1 询单转化率	%																							
	5.2 售后24小时时效	%																							
	5.3 差评数处理率	%																							
财务指标																									
1.销售费率		%																							
2.推广ROI																									
3.回款率		%																							
组织建设指标																									
人员满编到岗率		%																							

表 9-5　子团队记分卡

××团队记分卡			目标						实际						达成率					
指标分类		单位	1月	2月	3月	……	11月	12月	全年	1月	2月	3月	……	11月	12月	全年	1月	2月	3月	……	11月	12月	全年
类别1	指标1	万元																					
	指标2	万元																					
	指标3	万元																					
	指标4	%																					
	指标5	%																					
类别2	指标1	万元																					
	指标2	%																					
	指标3	万元																					
	指标4	万元																					
	指标5	万元																					
	……	……																					
类别3	指标1	%																					
	指标2	%																					
	指标3	%																					
	指标4	%																					

仅用一页纸就能呈现团队所有关键指标和工作结果，通过看结果指标，老板就能知道目标进度是否健康；通过看过程指标，老板就能知道问题出在哪里；通过看财务指标，老板就能知道费用是否可控；通过看组织指标，老板就能知道团队的成长情况等。

"三全"复盘法指的就是全员、全方位、全过程的复盘。全员是将目标分解到每个岗位，驱动每个岗位的人按照行动计划开展工作；全方位是指渗透到各个业务过程和经营环节；全过程是指以目标为导向，对企业每项业务，从发生到结束的全过程进行分析复盘。

帮个人做好计划预算的工具

为什么有了老板计划、团队计划，还要个人计划？因为个人也有责任梳理团队策略、制订个人计划，这样才能有效行动、拿到结果、达成整体的目标。

在实际工作中，以下四类员工可以不做个人计划：第一类，从事不用过多思考的工作的员工。例如，完全按照流程作业的一线工人。第二类，完全听命令行事的员工。例如，某企业的财务团队人员从不主动思考如何解决问题，完全听从老板指令行事。第三类，得过且过的人。在企业里混日子，一杯茶、一部手机就能过一天。第四类，闭着眼睛审批的人。某高管从不审核员工拿来的单据，审核流程形同虚设。

这些人真的不需要做个人计划吗？不是的。企业中，做一天和尚撞一天钟的人终究会被淘汰，这恰恰说明每个人都需要做个人计划。如何做好个人计划呢？我就来介绍如何用OTR-BE来帮助个人做计划。

个人目标O来自团队OTR中的T（策略），目标要向上对齐，跟上级策略保持一致。我们举个例子，在一个成熟的市场中，某团队的目标是实现业绩200万元。针对这个目标，团队制定的策略是：服务好现有客户，每周至少维护一次。"每月开发10个新客户"这一个人目标显然与团队目标不搭。正确的个人目标要服从团队策略，保持对齐。根据团队策略进行分解，例如，针对现有客户，制定每周上门一次、收集客户反馈、了解客户需求、提高客户满意度等目标。

接下来是制定个人的行动方案，怎么做、什么时候做、需要达成什么结果。在团队目标基础上将个人目标拆解，拆到马上可行动、可执行的步骤为止。太大的目标难以实现。某人在2017年和2018年都做了年度计划表，即使已经过去一年，他在2017年设定的目标也没有一条实现。究其原因，是目标过大，难以实现。因此，在2018年，他将大目标拆解为小目标，实现难度也随之降低。每天改变一小点，一年就是一大步。

在这里，再给大家介绍一个帮助个人目标实现的工具：WBS分析。WBS（Work Breakdown Structure）即工作分解结构，它给予人们解决复杂问题的思考方法，化繁为简，然后各个击破。WBS的主要作用是把复杂的事情简单化，使我们的工作执行起来更容易。

W即工作（Work），指某种输出、工作成果，或可交付性的成果。以做菜为例，做出一道菜就是输出，是一个工作成果。B即分解（Breakdown），将工作划分成不同部分或类别，把它分成更简单且更方便识别的步骤。比如，做菜可以分解为购买食材、清洗食材和烹饪三部分。S即结构（Structure），用确定的组织方式来安排步骤。比如，做菜是按购买食材、清洗食材、烹饪的先后顺序来操作的。所以，按照顺序操作就是做菜的组织方式。

WBS便于企业将工作落实到责任部门或个人，有利于界定职责和权限，也便于各方面就项目的工作进行沟通，使团队成员更清楚地理解工作的性质和努力方向，并且对计划进行有效的跟踪、控制和反馈。W→B→S，就是将项目工作分解成更小的、更便于管理的工作单元。其每向下分解一个层次，就代表了对上一个层次的项目工作有了更详细的定义。

图9-6为某研发公司WBS业务系统，各位可对照、练习。

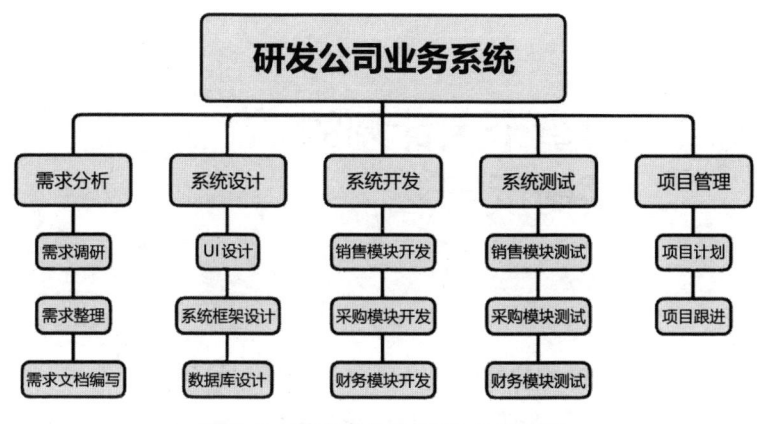

```
                    研发公司业务系统
                          |
  ┌──────────┬──────────┼──────────┬──────────┐
 需求分析    系统设计    系统开发    系统测试    项目管理
  |          |          |          |          |
 需求调研    UI设计     销售模块开发 销售模块测试 项目计划
  |          |          |          |          |
 需求整理   系统框架设计  采购模块开发 采购模块测试 项目跟进
  |          |          |          |
 需求文档编写 数据库设计  财务模块开发 财务模块测试
```

图 9-6　某研发公司 WBS 业务系统

最后，还要讲一下资源R。一般情况下，个人能调动的最大资源就是自己的时间，其他资源往往是部门调动。个人只要定好目标、分解好策略，自然就能安排好时间。如果个人的目标是想通过提高客单价的方式来增加营业收入，可以向上级申请提供赠品、折扣，或者向上级申请提供新的产品组合等。

检查个人计划的平衡反馈法

个人计划重在执行，PDCA仍是个人执行最好用的工具之一，也是个人闭环思维和习惯养成的最好方法。有了计划后，首先要执行，其次要对执行情况进行跟踪、反馈和纠偏。在个人计划执行的过程中，第一，要专注、专心；第二，按计划流程执行，急于求成往往更浪费时间；第三，一次只做一件事，先完成旧工作，再开始新工作。

海尔有句格言："日事日毕，日清日高。"它是自我事务管理的黄金法则，它实际上有两层意思：一是今日事今日毕；二是每天进步一点点。因此，我们还需要对计划执行的过程进行阶段回顾和总结。没有阶段回顾和总结，你就不知道个人计划的完成情况。

这里，再给大家介绍一个方法：平衡反馈法。首先，对自己的工作进行总体评价；其次，找出自己工作做得好的三处地方；再次，试想哪里可以做得更好；复次，总结经验并将其运用于下一次工作；最后，对自己进行评价。这个方法也可以用于上级对下级布置任务。以下介绍一个案例：

老板叫员工去买复印纸，但员工只买回了三张。老板很生气：三张怎么够，我至少要三摞！于是，第二天员工就买了三摞复印纸回来。老板一看又生气了：你怎么买了B5的，我要的是A4的。过了几天后，员工终于买了三摞A4的复印纸回来，老板气道：怎么买个复印纸要一个星期？员工回话：老板，您又没说什么时候要。

为了买复印纸这样一件简单的小事，员工跑了三趟，老板气了三次。老板摇头感叹，员工执行力太差了！员工心里在想，老板连交代任务都交代不清楚，只会支使下属白忙活！

这事发生在谁身上，都会觉得冤。但再仔细想想，两个人好像都有问题。问题出在哪里？出在任务布置环节。

如果老板用高效布置任务五步法向员工布置买复印纸的事，还会出现这种情况吗？我们来设想一下：第一步，老板清晰描述任务：买三摞A4的复印纸，两天内就要。第二步，让员工复述一遍任务：在两天内买三摞A4的复印纸回来。第三步，让员工说一下他具体是怎么理解的。第四步，让员工预想一下自己可能会遇到什么问题，如果遇上了，应该如何解决。比如，两天时间不够，需要三天；复印纸有不同价格的要如何选择。第五步，询问员工有没有补充建议。比如，员工可以问一下老板买这么多复印纸做什么、有没有替代的方式等。

我们再来看一个故事：

阿诺德和布鲁诺同时受雇于一家店铺，拿着同样的薪水。可是一段时间以后，阿诺德青云直上，布鲁诺仍在原地踏步。

有一天，布鲁诺到老板那儿发牢骚。为了让布鲁诺心服口服，老板布置了一个任务："去集市，看看大家都在卖什么。"布鲁诺先去，阿诺德后去，结果却大不相同：布鲁诺跑了三趟集市，才在老板一次又一次的提醒和反问中收集到老板需要的信息。而阿诺德只去了一趟集市就收集到了老板想要的信息，还给老板带来了额外的消息。

两相对比，阿诺德会得到老板的赏识也就不足为奇了。

通过这个故事，我们不难发现，一个有目标的员工，其个人的行动方案往往是老板交代的任务的延伸。

用OTR-BE预算高效配置资源

企业用好计划预算这把刀，可以做到更精准地投入资源，减少无效支出，避免资源浪费，更高效地赚钱。

俗话说："兵马未动，粮草先行。"企业有战略、有目标、有策略、有计划，很好。但如果没有资源，一切等于零。

企业的资源有哪些？人、钱、物、方法、环境、信息、时间等都是资源。其中，人和钱是企业最重要的资源。任正非说："人是企业最重要的资源。"而我认为：人，激活了，就是资产；没激活，都是负债。钱是战略武器，我们经常说"钱能搞定的事，都不是事"。如何配置资源？主要是针对人和钱而展开。

我们将通过如何"配"、如何"给"来精准高效地配置资源。"配"和"给"是怎样的一种关系？资源的配置是先"配"后"给"，"配"只是纸上谈兵的计划，还没有真正地给到员工手里；而"给"才是真正把资源给到手里。

先说资源如何"配"？要聚焦在企业战略的主航道和主战场上，要与企业目标相关，打哪儿配哪儿。

2022年尾，长城汽车为更好地集中优势资源，以建立更清晰和差异化的品牌定位，对品牌资源进行整合，涉及所有整车品牌。其中，哈弗作为旗下最大的整车板块，投入资源更多，进一步放大品牌势能，把既有的行业优势转化成新能源优势。

这就是聚焦性。需要遵循二八原则，把好钢用在刀刃上。

属于企业战略方向的项目，要多配资源；属于成熟方向的项目，要均衡资源；其他方向的资源就要相对紧缩。回看OTR中的目标O与策略T，我们提出几问：真的需要配置资源吗？真的需要配这么多资源吗？如果不配资源，会有什么后果？

配置资源要以完成目标为前提，不同的任务配置不同的资源。我们看看诸葛亮是如何发布军令的。

在一次与曹军的交战中，诸葛亮安排关羽、张飞各领1000兵马，埋伏在豫山、安林之中，等到夏侯惇领军通过，就以伏兵与火攻击。另外派遣赵云领老弱残兵，担任先锋与夏侯惇交战，并诈败撤退，引诱夏侯惇进入山林窄路之中；又遣关平、周仓、刘封等人潜入曹军后方，焚烧物资，制造曹军恐慌。

打赢这场战役是目标，诸葛亮兵分三路，战场打到哪资源就配到哪，没有目标、没有任务，就没有资源。

为了体现目标性，可以用重要性控制、总额控制、绩效控制三种控制方法。重大事项用重要性控制，一般事项用总额和绩效控制。具体要对哪些方面进行分析，如图9-7所示。

重要性控制：
二八原则，抓大放小

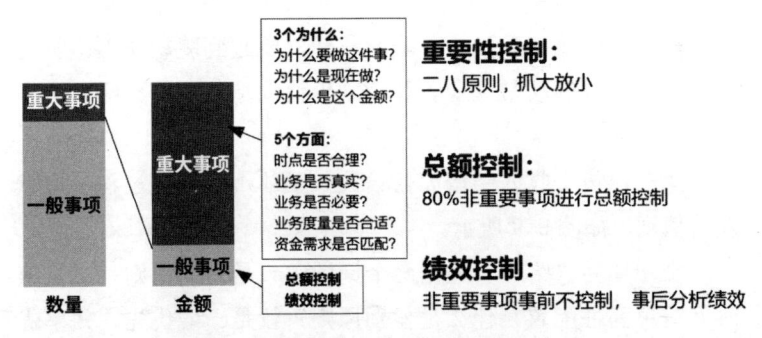

总额控制：
80%非重要事项进行总额控制

绩效控制：
非重要事项事前不控制，事后分析绩效

3个为什么：
为什么要做这件事
为什么是现在做
为什么是这个金额

5个方面：
时点是否合理？
业务是否真实？
业务是否必要？
业务度量是否合适？
资金需求是否匹配？

图9-7 体现企业目标性的三种控制方法

我们不能平均分配资源，要依据重要性，有侧重地去分配资源，即完成不同的目标，干不同的任务，匹配不同的资源。

资源配置好了，通过预算来校准平衡，也就是OTR-BE的

BE，既能保证目标与资源配置匹配，又能保障现金流安全。做到能量化，就量化；不量化，就细化；不细化，就时间化。

具体应该如何做预算呢？

第一，钱怎么配？针对基本业务需求、持续改善项目和战略创新项目进行资金配置，如表9-6所示。

表9-6　企业资金配置分析

需求分类	资金增量预测方法	责任部门	资金投入的决策原则	量化管理标准（示例，根据行业和企业特征）
基本业务需求	历史数×业务增量%	流程中心	增量投入一定要带来符合老板期望的即时回报	投资回报率＞公司目标利润率；投资回收期＜3个月
持续改善项目	收现－投入	改善中心	要求项目小投入、小改善、高回报率、低风险，当年投入当年内见效	项目投资额＜50万元；投资回收期≤1年
战略创新项目	收现－投入	创新中心	接受高投入、高回报、高风险项目，接受先投入以后年度见效的项目	项目投资额≥50万元；1年＜投资回收期＜3年

第二，薪酬怎么配？薪酬的设计，要起到驱动作用：驱动战略性业务、驱动常规业务和驱动价值创造。具体分配方法如图9-8所示。

第二，员工收入结构如何设计？要体现能力、过程、贡献及价值观，如图9-9所示。

资源如何"给"？遵循两个原则：一是差别原则；二是依时间进度弹性配置。什么是差别原则？就是一线优先、效率优先、资源向优质客户倾斜。华为就坚持优质资源向优质客户倾斜，构筑战略合作伙伴关系。

机会不是公司给的，是客户给的；机会在前方，不在后方。企业要明确，谁才是自己的优先级战略合作伙伴。明确了，就

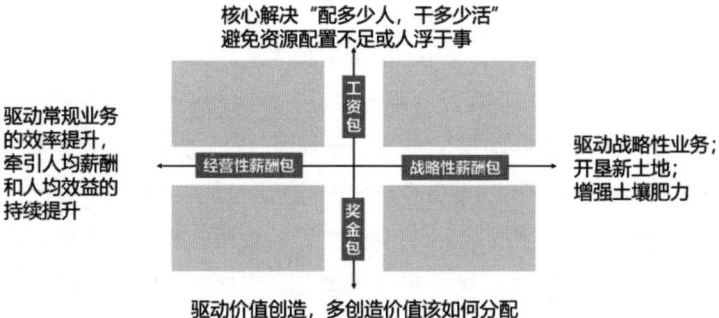

图 9-8 薪酬设计方法

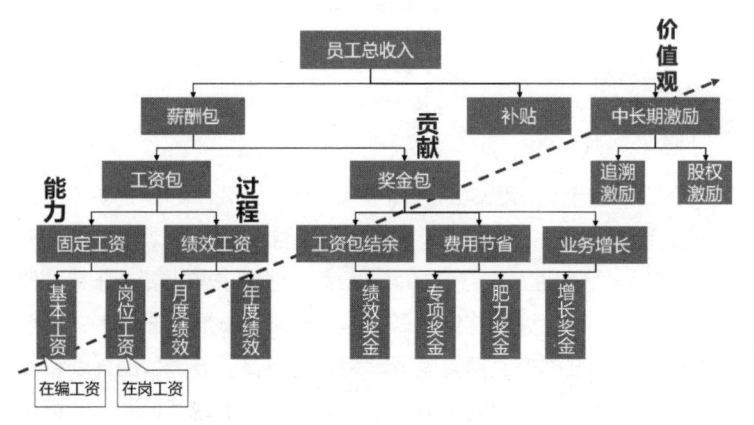

图 9-9 员工收入结构设计方法

优先给它资源，将企业的优势资源都给它。比如，把最好的服务经理分给它，把最好的销售经理分给它。总之，最好的资源都向它倾斜。

依时间进度弹性配置指依照时间进度，按量"给"资源，不要一步到位。

成熟型的业务，按"比率"给；成长型的业务，按"额度"给。华为集团按收入、销售毛利完成率的高低弹性给费用预算，经营计划完不成，费用预算就减少。如果某地区部预测能完成

95%的全年收入，预测只能完成90%的销售毛利，那么，按照90%弹性来给费用，砍掉10%的费用预算。

资源给到了，执行过程中的跟踪、纠偏与调整也很重要。比如，华为制定了清晰的弹性预算授予规则，同时要求超过预算授予的单位每个季度都要去财务委员会述职。这就是跟踪执行的过程。

对于严重超预算者，取消他主管的费用签批权，同时，要求停止进人、停止涨薪，并且罚款。这样也促使经营情况差的区域在年中就提前做预测，主动进行费用审视和清理。

还要提醒一点，资源分配后不能随意调整，要保持严肃性，才能真正做到精准、高效地配置资源。

实战思考

在当下这个变化极快的时代，有人认为计划不如变化快，所以计划没用；认为未来无法预测，预算不可能做准，所以预算也没用。也有人认为"预则立，不预则废"，计划、预算非常重要。于是，他们想尽一切办法，只为将计划做完美、将预算做准。通过考核计划达成率、预测准确率、预算差异率来得到所谓"准确"的计划和预算，结果导致上下级之间进行各种博弈，计划变成了谈判，预算变成了花钱的数字游戏。

我认为，适度预测有价值，企业需要计划，需要预算，但要放下"预测控"的执念。因为一方面，在充满不确定性的现实世界里，事物之间的关系其实并不明晰，是模糊的、概率性的；另一方面，一些具有长期稳定趋势的事物，是可以预测并且有价值的。对于较小范围、较短时间的事物，边界条件明确，也可以产生有价值的预测，比如某大客户未来三个月的采购量。管理，是平衡的艺术，高手都在玩平衡。做计划，做预算，就是在确定性与不确定性之间玩平衡。

各位读者，你的企业是怎样做计划与预算的？在做计划与预算的过程中都遇到过哪些问题？是如何解决的？

第10把刀

留痕管理：
件件有追踪，
事事有着落

通过留痕管理
防风险提效率

我们先来一起看一个案例：

山东的王老板经营了一家工程公司。

公司有一个项目已经收了40万元定金，还有110万元的尾款未结。项目结束之后，客户一直找各种借口拖欠尾款。王老板屡次催要未果，只得将客户告上了法庭。

但王老板没想到的是，法院竟不予立案。因为王老板没做好留痕管理，没有相关证据。

什么是留痕管理？留痕管理，就是让所有的生产经营管理都留下印迹，有章可循。包括但不限于以文字、图片、视频等各种形式来记录工作的落实情况。

王老板的留痕管理差在哪儿了呢？原来，该交易只有口头协议，并未签署书面合同，更糟糕的是，经手这个项目的员工孙某已经离职，就算王老板想追责都不知道该找谁。所以，我建议民企老板一定要注重留痕管理，要做到"件件有追踪，事事有着落"。

但是，这件事后来又出现了转机。败也萧何，成也萧何。留痕管理的缺失，差点儿让王老板损失惨重。同样是留痕管理，又帮助王老板挽回了损失。

王老板要求员工在离职时必须交接文件，并且要留存备查。

孙某在离职时签署了一份对王老板来说至关重要的文件：《孙某遗留×公司工程尾款细目》，其中详细说明×公司涂装线应收款150万元，已收款40万元，欠款110万元。并且，还特意备注上了一句话："口头协议含税价150万元，已收40万元。"凭借这份文件，法院判决客户败诉，110万元失而复得。

对于王老板来说，这次经历就像坐过山车：因为没有和客户签订合同，法院不予立案，当时王老板以为这110万元肯定要不回来了；好在最后柳暗花明，公司找到了项目经手人孙某的离职交接记录，可以向客户进行索赔，挽回损失。

所以，虽然留痕管理管的大多是看上去毫不起眼的细节，但是在关键时刻，留痕管理甚至能"救命"！

要想企业发展好，留痕管理不可少。那么，留痕管理都有什么好处呢？这里我概括了三点：避险、威慑和追责。

第一，**避险**。空口无凭，立字为据。比如，面对经济纠纷和税务稽查，不能只凭口述，真实的记录和留存的证据才能帮企业免受"无妄之灾"。

第二，**威慑**。事前预防，掌握主动。比如，有些企业会在员工入职前要求其签署保密协议、竞业限制协议等，这也起到留痕威慑的作用。

第三，**追责**。秋后算账，好过事前闯关。比如，国家税务总局会对高新技术企业研究费用加计扣除等一些税收优惠制度进行留存备查。企业在申请时只需按规定办理，同时也需要做好后期随时被抽查追责的准备。实际上，国家税务总局就是在通过这种方式警告企业：随时做好被秋后算账的准备。

金财也有这样的制度。金财有自己设计的费控系统，员工购买机票或火车票时，会自动在费控系统上留痕。假设员工出差有三个时间段的机票可选：下午1点的机票价格为400元，下午2点的机票价格为1500元，下午3点的机票价格为500

元。在这种情况下，员工可能出于各种原因选择下午 2 点的机票。但是，金财的费控系统会自动对员工购买的机票进行数据分析和存档，并且把相关结果推送给风控部门核查。通过这种内控管理，员工就会自动选择最合适的机票了。这也是一种留痕管理。

这时，可能有些老板会提出疑问：我们企业也做留痕管理了，但为什么没有产生这种效果呢？我想问问各位老板：你真的做对了吗？ 有多少企业是片面强调"留痕"，结果陷入为了留痕而留痕的形式主义怪圈？

有的企业合同不全、单据不足、流程混乱，但员工每天都很忙：忙着写工作感想和会议记录，忙着填表格、喊口号。老板埋怨员工不认真工作，员工抱怨公司杂事太多。这样作秀般的留痕管理，又有什么意义呢？

那真正的留痕管理该是什么样的呢？是为了让档案看上去整齐漂亮吗？是为了应付检查，汇报交差吗？是为了去追究某个人的责任，或者是把责任推给谁吗？……都不是！

留痕管理的初衷一定是好的，它的本质是加强管理，激发动力，梳理工作，优化思路，总结经验。按照"痕迹"的最终输出形式，我们可以将留痕管理分为以下五类：单据留痕、表格留痕、文本留痕、图像留痕和软件系统留痕。

不同的留痕方式会起到不同的效用，比如，单据留痕经过设计，可以实现老板的管理思路；表格留痕可以用于数据分析，指导决策；文本留痕可以用于记录关键行为；照片、视频留痕特别适用于过程的记录；软件系统留痕具有通用性、便捷性、易管理三大特点。以下详细介绍五种留痕管理的方法。

单据留痕：
实现老板管理思路

单据留痕，就是把一些关键环节的单据保留下来。比如，入库单、领料单、报销单等。有了这些证据，当产生问题时，可以根据审批或签字找到责任人。另外，如果发生纠纷，或者被稽查，企业能够提供对自己有利的证据。

比如，张作霖虽文化水平不高，却巧用单据留痕，用一支笔就管好了军队支出。每次审批，张作霖都会把毛笔饱蘸墨汁，然后用力在单据上一戳，以此作为自己的签名。秘书见取钱如此容易，便串通账房先生伪造单据。但是当他把单据交给银号掌柜后，掌柜马上就识破了他的把戏。他是怎么做到的？原来，张作霖的笔是特制的，中间有根细铁丝，所以，由张作霖亲自审批的单据背面有个小眼，就在墨迹的中心处。由此可见，留痕并不拘泥于形式，"黑猫白猫，只要能抓耗子，就是好猫"。做好单据留痕，还能起到资产保全的作用。

但在实务中，单据留痕经常被人忽视。比如，某集团公司的机器设备在各工厂随意调拨，没有留下任何记录。年底盘点时才发现，公司丢失了五套锯台，既无处可找，也无人可罚。最后，老板只能认下了这高达245万元的损失。其实，能解决该公司问题的办法很简单，公司只要规定员工在移动固定资产时如实填写《固定资产调拨单》并存档，就可以明确责任，做到有据可查。

有时，没做好单据留痕，可能会给老板带来不小的损失。比如，浙江台州某机械制造公司就差点因此失去合作伙伴。该公司在跟委外加工供应商进行年度对账时，发现出现了大额差异。调查后发现，双方都没有规范的管理，日常的交接单竟然全都是手工单，而且样式五花八门，书写非常随意。这导致信息出现遗漏，根本无法完成对账工作。由于无法结算，双方只得先暂停合作。其实双方都做了一定程度的单据管理，为什么并没有达到控制效果呢？因为没有专门的设计。

如何设计单据留痕？单据留痕，并不是简单地有张单据就行，而是要通过单据留痕，真正起到控制的效用。关键就是要把老板的管理思路、想要的结果设计进去。

听起来好像有点难，但其实只需要两步：第一步，明确需求，明确老板的管理思路和想要的结果；第二步，设计单据并执行、跟踪。接下来，我们来通过一个案例详细讲解。

由于业务特殊，某公司采购材料后，直接由供应商送到项目上，全程不经过公司。有一天，供应商来结算，说需要支付货款10万元，财务人员完全不知道还有这回事。

该公司采用的单据是通用的，如表10-1所示。

表10-1 某公司入库单

入库单编号：00000000000

收到： 年 月 日

品名	规格	单位	数量	单价	金额							
					万	千	百	十	元	角	分

负责人： 仓库负责人： 记账： 会计：

这个入库单特别简陋，缺失了很多重要信息。我们怎么改善呢？其实很简单。改善后的入库单如表10-2所示。

表 10-2　改善后的入库单

供应商：　　　　　　　　　　　年　　　月　　　日　　　NO：00000000
项目工程：　　　　合同编号：

属性：□原材料 □辅材 □包装物 □办公用品 □低值易耗品 □其他＿＿＿					
品名	规格	单位	数量	单价	金额
合计：					

采购部：　　　　质检部：　　　　仓库：　　　　　　财务：

第一步，明确老板需求。比如，老板想知道这批材料是什么属性，是原材料、包装，还是办公用品？是谁采购的？品质是否合格，有没有经过质检？最终用在哪个项目上了？

第二步，修改表格。首先，我们可以先在表10-1上方加一行，根据公司实际情况列出材料属性，比如原材料、辅材、包装物、办公用品、低值易耗品和其他。其次，是谁采购的，材料是否合格。老板的这两个需求可以通过修改签字栏来实现，加入采购部、质检部。另外，通用单据原本的设计中，负责人、仓库负责人可以合并为仓库；记账、会计可以合并为财务。采购签字证明业务发生，质检部签字证明检验材料是否合格，项目方的仓库签字代表收到了货物。最后，如果老板想知道这个材料最终用在哪个项目上了，我们可以在表格上方增加项目工程和合同编号两项。

改善后的入库单完全能够满足老板的管理需求。我们可以按照这个思路，收集老板的需求，并将其设计到需要留痕的单据中。

表格留痕：
用数据分析指导决策

某公司组织了一个大型会议，相关资料都是绝密。因此组委会特地把每份资料都单独编号，参会人员需要签字领取并在会议结束后返还。会议结束后，组委会在查对资料时发现编号027的文件不知所踪。对照《文件领取发放表》后，组委会找到了领取人，没想到此人已火速离职。随后，公司内部谣言四起，大多数员工认为此人是因为将公司机密出卖给竞争对手才离职的。如果没有表格留痕，这件事还真就说不清了。

表格留痕就是以表格方式输出的痕迹，在我们日常生活中十分常见，比如，各单位都设有访客登记制度和《来访人员登记表》。表格留痕至少能起到以下四大作用：

第一，能够实现一定的控制作用。

在我们开篇的案例中，领取、回收资料都需要签字，这种管理方式原本可以起到控制作用，而最终信息泄露的主要原因是没能及时处理问题。所以，企业在实操中也要注意，不要觉得留痕了就万事大吉，而要往后走一步，及时采取措施。比如，会后立即核查，确保资料完整。

第二，有助于解决资产保全、过程合规的问题。

比如，某视频公司在清点物资器材时，发现少了一张储存卡，里面的内容非常重要。老板发动公司上下员工一同搜寻，但始终没能找到。幸好公司规定员工在领取重要物资时签署

《重要物资领取表》，某员工的签字画押给这件事如何定责留下了证据。所以，重要物资和关键信息都必须登记。此外，员工领取一些需要管控的物资，比如危险品、易燃易爆品等，也需要做好表格留痕。

第三，对一些关键行为或事项进行记录。

比如，租房合同最后会附有《房屋交割清单》，列清房子里有什么家具、家具的状态和单价等，还会有《物业交割信息表》，标清水电燃气的单价、当前余额和费用承担方等。这些都是表格留痕，如果退房时房东发现家具损坏，或者与租户产生什么纠纷，都可以此为依据进行处理。

第四，用于数据分析，指导决策。

比如，企业可以通过"员工报销排行榜""员工薪酬排行榜""员工业绩排行榜"等表格表彰优秀员工，如表10-3所示。无论是升职，还是加薪，都有理有据，大家也心服口服。

表10-3 员工相关数据表

员工业绩排行榜		员工薪酬排行榜		员工报销排行榜	
项目	金额	项目	金额	项目	金额
员工1		员工1		员工1	
员工2		员工2		员工2	
员工3		员工3		员工3	
员工4		员工4		员工4	
员工5		员工5		员工5	
员工6		员工6		员工6	
员工7		员工7		员工7	
合计		合计		合计	

那么，如何设计留痕的表格呢？与单据留痕类似，表格留痕也需要把老板的管理思路、想要的结果设计到表格中。比如，老板在意会议资料的保密，就设计一张《会议资料领取及回收表》。参会人员在会议前领取签字，会议结束后回收签字。涉及

物品的领取、回收、交割等，都可以按照这个思路进行设计。

现在有些民企老板面临着一个很残酷的现实问题：财务人员只给老板《资产负债表》《现金流量表》《利润表》。这些企业每年都做了留痕管理，但都只做到了留下痕迹，并没有发挥表格的实际作用。原因有很多，比如上述三张对外报表非常复杂，老板就算想看也看不懂。而且，这些报表采用的都是财政部要求的统一格式，并没有考虑到老板的管理需求，上面没有老板想看的数据。那我们可不可以设计出对内报表，专门服务老板的管理需求呢？很简单，只需两步：

第一步，明确需求。如老板想知道产品的销售情况如何、几大客户有多少销售额、回款情况、多少利润等。

第二步，设计表格。如设计一张《产品销售明细表》，列清产品、数据，排序后，通过加灰或不同字体让数据条突出显示，如表10-4所示。这样，不同产品的销售情况对比一目了然。

表10-4 产品销售明细表

项目	金额
产品1	300
产品2	200
产品3	180
产品4	130
产品5	80
产品6	15
产品7	45
合计	950

表10-5 客户销售明细表

项目	业绩	回款	利润贡献
客户1			
客户2			
客户3			
客户4			
客户5			
客户6			
客户7			
合计			

我们再设计一张《客户销售明细表》，列出七大客户，并列出老板最关心的三个维度，如表10-5所示。

经过设计的表格，就能够满足这个老板的管理需求。可以按照这个思路，收集老板的需求，并将其设计到需要留痕的表格中。

文本留痕：
记录关键行为规避损失

我跟很多成功老板沟通过，发现他们有一个共同的特点，就是工作习惯特别好。他们通常会记录工作的内容，这样不仅能和客户即时确认，还能起到留痕的作用。这种留痕形式，就是文本留痕。

什么是文本留痕？合同、微信、聊天记录截图、邮件、会议记录、工作总结、汇报、备忘录等，都是文本留痕。

我们主要说说合同。管理合同要考虑很多问题，比如，签署的时间、签订的内容全不全，有没有遗漏关键信息，是否及时盖章回传等。举个例子，有个公司的财务跟我大倒苦水，说自己公司的合同就没有几份不是倒签的。合同倒签，通俗来说就是先上车，后补票。活干一半了，或者活都干完了，才来补合同。财务反复警告过其中的风险，但经办方总能找出一大堆理由：业务实在紧急、领导太忙迟迟没批……年年警告，年年倒签，虽然也没出什么问题，但始终让人提心吊胆。在此，我也建议老板们，一定要有风险意识。一旦出现问题，合同还没签，极有可能带来真金白银的损失。

2023年年初，就有多家农产品供货商被骗。甲方交了保证金，也收购了农产品，结果迟迟不来提货，导致果子烂在了树上，供货商的损失高达千万元。这些供货商想要维权，却发现合同中并未约定提货日期、数量，以及违约条款。所以，大家在签订合同时一定要仔细查看内容，确保没有遗漏关键信息。

值得注意的是，合同并不是签完就可以，及时地盖章回传也很重要。有个苏州老板就是因为合同没有及时地盖章回传栽到了坑里。

这个老板经营一家毛条生产企业，一个老客户以每吨 20.8 万元的价格向他采购了 20 吨货物，生产周期是 15 天。没想到，市场巨变，毛条价格一路下跌。等到客户提货时，每吨毛条的价格已经跌到了 16.5 万元，客户不愿以高价购买。老板赶紧查看合同，结果发现合同寄给客户后，客户没有盖章回传，也就是说，合同根本不具有法律效力。最后，这批货在仓库里落了两年灰，老板不得不折价卖出。

除了降低风险，老板用好文本留痕还有助于追踪进度、明确责任。举个例子，某软件公司专门做ERP咨询，项目交付后经常被客户投诉，要求退款。追责时，由于没有留档记录，只能全体员工一起接受惩罚。随后，老板要求必须建立文本留痕制度，包括客户访谈记录、会议记录、工作计划、汇报总结等。从那之后，客户满意度上升了很多，还介绍来许多新客户，公司退款率也从 15% 下降到 7%。

文本留痕有这么多好处，我们应该如何做呢？我总结了以下三个步骤：

第一步，定规则。

老板根据公司实际情况和自己的管理思路，规定在哪些情况下必须留下文本记录。

比如，某客户找到老板，说销售人员答应自己可以先铺货再付款，但现在又出尔反尔，要求先打款再铺货。老板找来销售经理进行询问，销售经理翻出微信聊天记录，上面清楚地写着不同意铺货。如果没有这个记录，销售经理岂不是很冤枉？

又如，金财为了更好地服务客户，要求咨询团队进场后开启动会,详细记录客户的情况与需求,并留存《客户访谈记录》。

第二步,勤收集。

定期对文本痕迹进行收集、保存。比如,某电商公司每个月都会收集客户反馈,包括产品的款式、质量、客服的服务体验等。

第三步,常复盘。

定期对收集到的内容进行分析。比如,上述电商公司每个月底都会开讨论会,对客户反馈的内容进行分析,并据此调整策略。特别是"618""双11""双12"等大促后,公司都会专门举办复盘会,分析活动中各项产品的数据,判断客户的消费偏好,并根据客户反馈的意见、建议,策划转盘抽奖、新品试用等后续活动。

图像留痕：
照片、视频记录过程防纠纷

图像留痕，就是通过拍照、录像等形式留下"证据"。这种留痕方式其实特别常见，比如，外卖员把餐送达后，都会拍张照片发给顾客。这既是提醒，也是留痕，以免纠纷。

为什么银行的卫生间不对外开放？作为特殊的服务机构，银行的日常工作全部是与金钱打交道的。银行为了保障自身与客户的资金安全，会在大厅安装无死角摄像头。而卫生间是无法安装摄像头的。除此之外，开车的朋友们大多都遇见过这种情况：路口红灯，前方司机压实线后，赶紧往后倒车。这就是通过抓拍留痕来形成威慑。

这一原理同样可以应用到企业管理中。比如，某员工天天说自己不来公司是为了拜访客户，但是谁也不知道他到底去没去。因此，公司可以要求员工在考勤软件中上传跟客户公司的合照。

某工厂在仓库里存放了一批货物，老板与其成天担心被偷，不如采取视频留痕，安装监控设备。

因此，采用照片、视频留痕，能起到一定的威慑、控制作用。但是，只留痕却不管控也不行。广州的一个老板就因此吃了亏、上了当。他经营着一家电子厂，最新款的摄像头价格虽高，但销量很好。有一对情侣员工就动了歪心思，连续行窃十几天后双双辞职。工厂年底盘点时发现货物少了很多，损失近450万元。这时老板才想起自己在库房安装了摄像头。通过调阅监控视频，老板发现这两个人通过将摄像头绑在腿上或藏在内衣里的方式实施盗窃。平均下来，两人每天能偷700多个摄像头。

一个卖摄像头的老板特意装了监控看着货，竟还被人偷了不少摄像头。这可真是经历了大风大浪的老船长却在阴沟翻了船，经验丰富的老猎人反被鹰啄了眼！

因此，只留痕不管控就等于告诉员工监控只是摆设。所以，老板还是得时不时检查下监控记录，以便更有效地防范风险。

我们分别介绍了单据留痕、表格留痕和文本留痕，相比之下，图像留痕的应用场景较窄，实施的成本也相对较高。我总结了实施的三个要点：

1. 确定哪些环节需要图像留痕。

比如，很多付款小票是热敏纸材质，一段时间后就变成了一片空白。所以需要及时拍照，作为附件说明。

又如，工厂发货时需要对装车情况进行拍照，货车出门前再用照片对照检查。

再如，年底盘点后，需要对仓库、整个厂区进行全景拍照。来年开工时，对比照片，检查是否有变化。

因此，要先根据实际情况，思考哪些环节可能会出现问题，列一个需要用照片、视频留痕的清单。

2. 分析该不该有图像留痕。

这里需要先进行可行性分析，再进行成本收益分析。即先判断这事能不能干，再判断值不值得干。

比如，某工厂新上任的生产总监要求在制粉车间装摄像头，以监控生产过程。但是制粉车间湿度大，蒸汽弥漫。摄像头装了等于没装，这就是可行性分析。

又如，某房地产销售公司，每天都要开晨会、夕会，还有周例会、月例会、季度会。总经理觉得会议内容非常重要，干脆买摄像机、组团队，专门录制每场会议用于留档。还要剪精彩片段，提取字幕稿，让销售员利用业余时间学习。我们不评价这种管理方式怎么样，先来算一笔账。

（1）设备费用。一台摄像机，价值2万元。

（2）储存费用。一个普通的储存空间为4T的硬盘的价格大概为600元，按照这场场留档的存法，不得囤个十个八个备用？又是将近6000元。

（3）人员开支。假设老板聘用两个员工，一个负责拍摄和剪辑，一个负责设备和视频的日常维护。两人的月工资分别为5000元，公司每年在这个方面花费的人员开支为12万元。

这样算下来，在这一项上公司一年花费的成本就要将近15万元。那收益呢？如果这个总经理觉得给员工培训这件事完全值得花这么多钱，那这事就可以干。这个分析过程，就是成本收益分析。

3. 做好留存归档和检查。

既然确定了一件事要做、能做、值得做，那就要做好。首先，得存好留痕。不能等需要的时候，突然发现找不到了。其次，一定要根据实际情况，进行定期的回顾、审视，或者不定期进行抽查。

软件系统留痕：
打破时空限制追根溯源

软件系统留痕，其实就是利用软件和IT系统来帮助企业完成过程记录和单据流转。举个例子，广州某街道办的考勤方式很特别，用的是防作弊的水印相机软件。只需拍照，就会自动实现打卡，同时还会实时同步到工作圈。不仅为追溯工作留下影像，还可以一键把日常工作照片生成海报，用于宣传。

其实，软件系统留痕与前面四种留痕方式并不冲突，可以结合起来使用。能够很好地弥补时间、空间限制的问题，有以下三大优势：

第一，通用性。

软件系统留痕可以适用于公司的任何流程。

（1）企业任何的流程都能植入IT系统。大到供应链系统、客户管理系统和人力资源管理系统，小到各项费用审批、项目进度管理、合同管理和印章管理，都能用软件系统实现信息化覆盖。

（2）系统内的任何操作都能做到留痕。系统日志能自动记录系统的登录痕迹，可以及时识别和发现异常，从而能快速找到管理漏洞，预防更大的损失。

比如，广州一家企业的销售人员张某于4月1日离职。但4月底，公司内部核查存货系统，根据系统日志发现张某于4月10日、4月25日两次登录系统，于是赶紧将其账号注销。幸亏公司发现及时，没有造成损失。万一发现得晚，张某很可能会泄露商业机密，甚至造成恶性竞争。

第二，便捷性。

随时随地可以操作，只需网络和设备。比如，金财的企业微信和CRM系统是打通的，只要有客户来电，我的手机上立刻就能显示出全部相关信息：这个客户有没有来听过课？听过什么课？是否做了咨询？等等。非常方便，也不需要专门再去整理这些资料。

第三，易管理。

通过ID权限设置，明确责任。在企业中，系统可以赋予每一个员工独立的ID，并给予其相应的权限和责任。这样，要想知道某个员工做了什么，只要登录他的账号一查，基本上就能得到想要的信息。管理者便可以据此进行评价、考核、激励、处罚等。

其实，软件系统留痕的好处不必赘述，但我收到最多的问题就是："我的企业也买了好几个软件。该买的都买了，钱也花了，但是没什么效果，怎么回事？"

有时候，企业买了很多小的、便宜的软件堆砌在一起，感觉好像很齐全，但是这些软件都是孤立的，没有打通，反而会降低工作效率。举个例子，某公司正常使用着一个ERP系统，但是运行不畅。为了解决订单问题，公司上了一个小的oms系统；为了解决生产排程问题，在不具备条件的情况下，上了一个aps系统；为了解决仓库发货问题，又上了一个简化版的wms系统。结果，几个系统数据打架，不能实质解决问题，也无法起到留痕作用，反而增加了管理成本。

那么，企业该如何设置软件呢？分两步走：第一步，理流程、建架构、定制度、找需要留痕的关键节点；第二步，选择合适的软件，把这些都"装"进去。

上ERP系统不便宜，因此，很多老板选择跟人较劲，情愿将就着过。比如，某企业就只有财务软件，财务人员需要先从业务部门拿到数据，整理分类后列出会计分录，输入财务软件。这样做不仅费时费力、效率低，还错误率高，留下的痕迹也都是错误的。财务人员不得不再花大量时间找错、纠正。如果把进销存软件与财务软件打通，就可以自动做账，报表立等可得，还不容易出错。只有留下正确的痕迹，才能发挥出留痕的作用。

深圳的一个老板就从中尝到了甜头。这个老板是做健身器材的，他主张"把能数字化的全部数字化"。因此，他几乎把全部的业务都"搬"到了软件系统里：通过企业微信+ERP，实现销售订单、生产计划、采购、费用报销和财务管理等全流程的打通。其中，采购订单、销售订单、入库单、费用报销单等各式单据都有留痕，方便查阅。这个老板还把一些技术资料，例如设计图纸、工艺指导书和BOM表等，也都上传到系统里，随时可以更新。

而且，日常的会议、学习分享也都有留痕。例如，咨询老师培训时，老板就要求员工把老师讲的东西做成小视频，挑选其中最好的进行存档，日后可以用来培训新员工。此外，与国外客户的订单记录也都能在系统中查阅。

各位老板，你的心里其实很清楚，你想要的从来都不是"还可以"。

适度留痕：
把握尺度，避免资源浪费

媒体曾曝光某些部门要求办事人员提供材料，证明其与其母亲的母子关系。其实，这是一种留痕过度。

此类事件在企业中非常常见。员工为了证明自己做过某项工作，留下文档、表格往往还不够，还得拍照片，甚至录视频。最终，员工用一分精力做工作，九分精力证明做了工作。

在实行留痕管理时，企业经常陷入的误区有两种：一种是企业没有清楚告知员工在何处留痕，导致留痕管理无法发挥应有的效用。比如，某广告公司的老板要求员工在执行项目推广时跟客户进行确认。没想到，员工拿回来的结果五花八门，甚至有的人上传的微信截图连头像都没有，根本无法确认对方是谁。

所以，我们必须要跟员工讲清楚，留痕都要留什么。说回广告公司，后来，老板清楚地告知员工要对什么信息留痕，例如项目执行的时间、总金额、进度等。同时，要求留痕至少包括员工的询问和客户的回复两条信息。

另一种是为了留痕而留痕，根本没有平衡成本和收益。由此产生的浪费、支出全部由老板买单。比如，上海某食品厂的老板挖来了一个老会计。这个会计来到工厂后做的第一件事就是给所有的银行收款补开收据。于是，财务部的办公桌上堆满了收据，大家补得昏天暗地。这么兴师动众地补开收据，给老板带来什么好处没发现，加班费倒是流出去不少。

再给大家分享一个真实的案例，我将其命名为《两叠A4纸引发的"血案"》。

某公司对财务规范的要求特别高，哪怕是购买两叠A4纸，员工也得先填采购申请单，再填入库单，最后填领用单。入库单需要仓管的签字，仓管说自己没见着这两叠A4纸，没有办法签字。办事人员只得把A4纸抱去仓库，走一趟"留痕"的流程。

如果纸都已经用完了，怎么办呢？有的员工会来事儿，请仓管吃顿饭，以后就"睁只眼，闭只眼"；有的员工胆子大，干脆自己模仿仓管笔迹冒签；有的员工嫌麻烦，直接自认倒霉，自掏腰包。

这样的过度留痕，员工要么搭功夫，要么倒贴钱。久而久之，人心就慢慢散了。为了几叠A4纸与公司培养多年的人才离心，老板们觉得这值得吗？实际上，过度留痕不只会让公司的人才流失，还会造成更严重的后果。

公司将购买的办公用品直接放入仓库，由于数量多、品类杂，仓管忘记放在哪里，申请采购的人也不知道其中是否有自己需要的，于是继续请购。采购人员收到申请单后，马上找到供应商批量进货。就这样，办公用品越买越多，到最后公司不仅需要换个大仓库，还需要专门招仓管。

可能很多朋友看到这里，觉得我是在夸张，其实现实更夸张。我曾经给一家做电子元器件的公司做咨询。这家公司的仓库很大，东西特别多，其中大多是办公用品，比如平常工作会用到的文件夹，仓库里就堆有上百箱。

出于规范、更好推进工作等目的，我们可以采取留痕的手段进行管理。但是，留痕做过了头，可能会造成很多损失。而且这种损失大多是隐藏的，老板根本发现不了，但最后统统都是老板在买单。

如何适度留痕？我们的应对思路是什么？

首先，我们不能为了管理而管理，只关注形式，而不关注本质。过度留痕，也是如此。比如，为了合规补表单、记录。

其实，这些补出来的东西，基本都是假的。补的人知道，检查、审核的人也知道。留痕本意是让业务可追溯，最终变成了只管有没有，不管真不真，那干吗还追求留痕呢？

同时，财务人员把时间和精力都用在"留痕"上，哪来的时间提升自己？某咨询案的客户是军队出身，他拿来的会计凭证订得比一本书还整齐。但仔细一看内容，账目数据一塌糊涂。财务人员将精力都用在贴凭证上，哪里还有时间精进自己呢？

为了改变现状，建议大家可以考虑以下两点：

第一，平衡成本和收益。哪些环节要留痕？留痕频率怎么定，是一周一次，还是一个月一次？留痕的负责人是谁，是否要制定奖惩制度？如何保证坚持做留痕，是不定期抽查，还是成立检查部门？不管最终如何决定，为此产生的成本、支出都是由老板来买单。所以，财务人员需要帮老板算一笔账，先看看这么做到底值不值。再将值得做留痕的事项排序，让老板知道哪些最值得做，最好赶紧启动；哪些很建议做，但没那么着急，方便老板做决策。

第二，对过程进行监控。比如，某工厂负责人为了保证设备状态，会不定期抽查《设备维修保养记录》。为了控制风险，及时纠偏，在实施留痕的过程中，建议各位重点对过程进行监控。

实战思考

金税工程从 1994 年开始启动，历时近 30 年，总投资数百亿元，单单一个全国统一的电子发票服务平台投资就超过 13 亿元。为什么国家会如此耗资建设金税工程呢？其中一个重要原因，就是利用现代信息技术，大幅度提升留痕管理水平，控制税收，控制货币，保证国家安全。数字化技术的发展，为留痕管理提供了更丰富、更有效的手段。

各位读者，你的企业是如何利用数字化技术做留痕管理的？都取得了哪些进展？

第11把刀

经营看板:
看到才能做到,
都看到才能都做到

经营看板对企业的四大好处

我们来讲第 11 把刀，也是我们内控的最后一把"绝杀刀"：经营看板。

什么是经营看板？经营看板是由各种数据分析图表组成的经营分析报表体系，是让经营数据"看得见"的管理手段。经营看板常见的表现形式有图表、显示经营数据的电子屏、统一格式的月度汇报PPT、每天手动更新数据的管理表格等。

企业为什么要做经营看板呢？简单来说，做好经营看板至少能给企业带来以下四大好处：

第一，目标——看得见的目标才会去争取达成。 比如，企业的战略目标、年度计划目标等。

为什么很多的民企老板明明自己很有想法，却总是抱怨员工执行力不够？真的是员工的能力不行吗？那为什么会出现这种现象？如果一个员工不知道所在公司的目标和战略，他该朝着什么方向努力呢？

金财在全国有 100 多家分子公司，分布在全国各个省市。每个月，金财都会召开全国启动会，通报各事业部、分子公司的业绩完成情况。哪些公司超额完成任务，哪些公司达标了，哪些公司没完成，差了多少，白纸黑字，清清楚楚。员工上个月做得怎么样、下个月应该怎么做，一目了然。

又如，金财 2022 年的收入目标是 10 亿元，这一目标始终体现在我们每一场线上、线下培训学习最显眼的位置,写在了每一个员工可以看得见的地方。千斤重担人人挑,人人头上有指标!全体金财人,因为看到了这个宏大的目标,自然也就更有力量去为了达成目标而奋斗!

第二,过程——看得见就会有信心。 基层业务执行者需要一种明细或轻度汇总的报表,便于准确掌握细节,发现增值点,监控问题点。同时,通过Excel等工具,可以非常方便地对数据进行二次分析和图表处理。现场实时数据看板能为基层业务执行者提供实时或准实时数据,以便他们快速行动、快速纠偏。

比如,2022年8月,金财有几个销售团队因为受到疫情影响,团队状态低迷,并未完成当月的业绩目标。后来,经过我们的深度分析发现,这几个团队的业绩虽然并没达标,但实际上已经完成了原本定的考核指标。于是我们就有针对性地开发了一套BI广告牌,并且在系统内加入了新的考核指标,进一步促进与客户的连接沟通,并实时体现在BI广告牌上。这样,员工每天上班都能看到自己以及整个部门的指标趋势。整体指标呈上升趋势就会增强他们完成当月业绩的信心。

第三,问题——看得见才能去解决。 中层的业务管理者不需要频繁地关注细节,但是他们需要关注从不同维度分解之后的业务指标数据。所以,管理者更需要的是多维度地汇总数据,通过不同视角对数据进行对比,以得出合理结论,及时调整工作计划。

比如,金财的研发团队设有项目管理的部门看板和个人广告牌。每一位成员的个人广告牌中,会分别显示项目待办、进行中、卡住了、待审核和已完成这几个关键节点。通过这样的广告牌,研发负责人可以准确掌握每个人的进度和工作情况。而当个人广告牌的"卡住了"框内出现标签时,领导就会知道哪项任务出现了问题,就会及时调整时间,迅速解决问题,从而推动项目正常进展。

第四，成果——看得见就会被激励。公司高管的时间都很宝贵，因此他们需要的是简明、直观的经营信息，而不是烦琐、具体的细节数据。要在各个分析维度上高度浓缩汇总宏观报表，尽量在一个页面让高管掌握所有必要信息。例如，通过业务总结报表、经营成果报表、绩效达成报表等对员工进行激励。

有一天通用汽车公司的老板办公到很晚，临走前到组装车间转了转。生产线员工看到老板来了，很受鼓舞，平时一个班可以组装6辆车，但当天完成了7辆车的组装。老板非常高兴，并用粉笔在地上写下大大的"7"，工人欢呼雀跃。

第二天早班工人来接班，问"7"的来源，听到晚班工人被老板表扬了，很受激励。于是他们加油干，组装了8辆车，将地上的"7"改为"8"。晚班工人接班后发现数字已经被更改，全体鼓足干劲，最后将数字定格在"8.5"。就这样，老板没有多花费一分钱，但通过一个非常有效的激励方法，自然而然就将产量从"6"提高到"8.5"。

所以，只要经营看板应用得好，很多事情都可以事半功倍！

制作经营看板的四个步骤

经营看板是一个工具，由各种数据分析图表组成，是让经营数据清晰可见的管理手段。如何制作经营看板？主要通过以下四个步骤：

第一步，提出需求。 每个人都有可能使用到广告牌，而每个人的目的也都不一样，比如管理业绩目标、管理项目进度、管理工作过程等。所以，我们首先要了解需求人的目的是什么，他关注的指标是什么。

比如，老板说自己需要一张销售报表来了解全公司业绩的完成情况、各区域的业绩额以及业绩完成情况。如果我们只将相关的数据填表交给老板，他大概率是不会满意的。因为老板想知道的不是这些冰冷的数字，而是其背后隐藏的真相，并以此来调整他下一步的经营策略。

第二步，需求分析。 首先，明确管理目的；其次，找到管理目的的驱动因素；最后，结合相关部门意见进行补充。

老板希望掌握业绩完成进度，就是希望业绩能够达标。那么驱动业绩达成的指标有哪些呢？比如，销售排名前10的员工可以让老板了解业务伙伴的最高产出值；对比上一年的业绩情况和以往进度，可以大致判断今年能否完成目标并实现超越；财务总监提出，不能光看每个团队的业绩产出，还要考虑他们每个团队的人数，看人均业绩产出率；生产总监建议再加上产品销售额这一指标，以便清晰显示每个产品分别卖了多少。通过一些重要部门的建议去完善和分析业绩情况指标，这样一个满分的广告牌就完成了。

第三步，指标选择。 通过以上这些动作，我们建立了一个指标池。需要注意的是，这么多指标并不是都要放到广告牌中，展示其中的关键指标就可以了。广告牌上呈现什么样的指标，也体现了我们怎样做管理。如果我们的广告牌主要做过程管理，指标的选择上就多加入一些过程指标。比如，上下楼时，电梯里显示的楼层是一直跳动的，而不是只显示我们最终要到达的楼层，这个就是过程指标。

第四步，设计展现形式。 制作经营看板可以用的工具有：软件系统、BI、手写板、Excel。如果公司软件系统支持这个功能，那我们就尽量使用软件系统来制作广告牌。使用BI制作广告牌的优势是方便、快捷，呈现出来的效果好，但是对企业内数字化有一定的要求，需要数字化的人才为BI实施提供支持。使用手写板制作广告牌的优势是简单，广告牌挂在墙上，大家都能看到。难点在于广告牌的设计，在需求分析阶段，要做详细的分析，才能满足使用者的需求。使用Excel制作广告牌的优势是简易、灵活，这个工具学习简单，如果有一些基础，就可以做一个简易广告牌。

我们以Excel设计展现形式为例，教教大家如何展示关键指标。如果我们只是单纯地把所有数字放在一个表格里，既不直观也不美观。我们可以用图表化的方式展示各个指标，其中，饼状图可以表示占比、柱状图可以强化对比、曲线图可以呈现趋势。把需要展示的数据用合适的图样呈现出来，然后把最核心的指标，摆放到广告牌中最显眼的位置，其他的指标也依次呈现，这样我们的广告牌基本就完成了。对于分布、展现的形式，根据老板的习惯，做到直观、简单、方便使用即可。

目标管理：
引导方向，激励奔跑

经营看板是目标管理的一个落地工具，可以帮助我们统一目标，让全员向目标看齐；跟踪目标，在执行中不偏离目标；引导行动，激励大家向目标奔跑。

为了方便大家理解，我们也引用制作经营看板的四步来讲解。

第一步，提出需求。

使用广告牌的每个人需要了解的指标是不一样的，而我们也不只是看数字，而是要向下挖掘我们的真实需求。公司每个领导分管的板块不一样，比如董事长更关注战略目标，负责业务的总裁更关注团队目标，业务总监更关注个人业绩指标。所以，要根据管理的侧重点来要求制作人。

比如，金财的战略目标是 15 亿元。董事长关注的是每个业务板块，他的需求是了解教育、财税、咨询、资本各板块的目标完成情况，以此去激励各板块负责人；执行总裁负责业绩增长，他要观察各个事业部的销售情况，透过经营看板看到每天、每一个事业部的销售数据。比如，透过某事业部销售数据异常这个表象，分析其背后的原因。

第二步，需求分析。

总裁负责公司业绩增长，其所看的经营看板要助力业绩增长。比如，各事业部的业绩对比、各分公司的业绩对比，甚至是前 10 名销售人员的业绩对比。将这些数据在整个公司范围内公布,让大家通过数据对比,互相竞争,以此来挖掘超越目标的潜力。

又如,产品业绩明细可以体现各产品在各市场中的受欢迎程度,给公司的推广计划提供依据。

退款订单体现公司的服务质量,如果一味地追求业绩增长数字,导致服务跟不上,最终也会影响整体业绩。所以深层分析会发现,驱动业绩完成的指标不只是总体的完成数字,那么在广告牌上就要把这些驱动因素加进去。

第三步,指标选择。

在需求分析里我们列举了很多可以呈现出来的指标,但并不需要将所有的指标都放到广告牌里,管理的关键就是广告牌的关键指标。比如,我们前面提到产品业绩明细的数据需要长时间积累,才有分析价值,所以我们不需要把它放在常看的广告牌中,而是在特定的阶段展示。又如,退款订单属于偶发事件,只有在退款率比较高的时候才进行展示分析。

第四步,设计展现形式。

我们都知道,饼状图可以表示占比,柱状图可以强化对比,曲线图可以呈现趋势,都能简单直观地展示出数据所反馈的事实。有的公司关注市场占有率,那么广告牌上常见的就是饼状图;有的公司关注每月的增长额,就可以用柱状图和曲线图表示增长幅度和趋势。

总的来说,就是将想要展示的数据用直观的图样呈现出来,然后按照前后逻辑或重要程度,一一摆放到广告牌中,我们就可以根据这些直观的数据来进行经营分析。

如何用经营看板?经营看板是我们做目标管理的一个落地工具,不是一个花架子,设计完摆在那儿就不管了。我们要时刻通过这个广告牌追踪目标进度。所以,要及时更新广告牌数据,持续跟踪反馈,发现目标执行过程中的问题,挖掘超越目标的潜力。

比如，金财通过广告牌观察到，相较 2021 年 6 月，2022 年 6 月的月度目标完成进度大幅下滑。及时发现这个问题后，金财向下分析发现：2022 年 6 月的销售单量下滑。继续分析发现，因为疫情影响严重，5 月的几场课程被取消了，所以金财接触到的客户基数变小了。找到问题后，金财马上选择通过多开设课程和增设几个分会场等应对措施来进行补救。金财如果没有及时追踪广告牌，可能就会错失一次补救的机会，影响全年的业绩目标。

正所谓"一图胜千言"，好的报表应该证明你的观点。在制作报表前，我们要想清楚到底要展示哪些数据、传达哪些观点，展现形式必须直观、简单、方便使用。

项目管理：
统管全局，实时跟进

工期紧，项目完成保量不保质；预算超支，能砍掉的内容直接砍；资源有限，人手不够，就把截止日期再往后拖拖……这些是项目管理中常出现的场景。其实，所有的项目经理都会做预算，都会设置检查点，但真正执行起来，又要无休止地协调，时间、质量、成本难以平衡！我们以金财课件研发中的项目管理为例进行讲解，如表11-1所示。

表 11-1　金财课件研发中的项目管理

框架设计			课件手稿				视频制作				产品测试			产品发布
责任人 黄*兵			责任人 李*佳				责任人 李*佳				责任人 孙*玥			
待办	进行中	待审核	待办	成员	进行中	待审核	待办	进行中	待审核	待办	进行中	已完成	
				王*舟									
				高*琼									
				廖*芬									
				景*钰									

第一步，提出需求。项目目标是完成项目研发，制作出精良的大财工坊的课程。项目负责人提出要有一个广告牌来控制项目进度，以实现项目目标。广告牌可以可视化整个项目、任务和工作流程，让每个团队成员均可看到项目进程，以及项目计划的达成进度，增强信心，促进实现项目目标。在课件研发过程中，我

们将研发人员分为三个小组：框架小组负责搭建课程的框架，确认核心观点，搭建骨架；案例小组负责补充素材，填充血肉；手稿小组负责课件的撰写、理顺。

第二步，需求分析。负责人希望在项目广告牌中清晰地看到每个小组的工作进度，哪些是待开始，哪些是进行中，哪些是已交付。我们就可以把整个项目按阶段划分为框架设计、课件手稿、视频制作、产品测试和产品发布。每个阶段中的任务划分成待办、进行中、待审核、已完成。这样，一个项目广告牌的大框架就有了。有人提出，任务需要关联到人，再将关键步骤课件手稿拆分到个人。需求分析完成后，广告牌的样式框架就确定了。

第三步，指标选择。首先，沟通、列明项目待办事项列表。然后每个人领取各自的任务清单，包含任务内容、完成时间、质量要求等。这样，广告牌定制了工作的标准流程，从而提高了工作效率。项目团队也能通过广告牌不断改进工作流程，从而有效减少从项目或需求开始到结束所花费的时间。同时，广告牌让工作变得可视化，从而限制非项目或项目之外的工作量，最大化利用时间。

项目广告牌确定了最优先任务，根据广告牌可以合理地安排其他任务的时间，并着手处理重要的任务。我们研发广告牌是以课件为优先任务，大家都被一只无形的手推着走。遇到其他任务，大家都是将课件交付后再做处理，保证了课件的如期交付。同时，项目管理广告牌可视化系统使流程审查和改进变得更加容易，从而减少了浪费，减少了操作中的开销。

第四步，设计展现形式。确定了广告牌框架和广告牌上的事项后，我们就可以来设计广告牌了。广告牌制作一般可以采取四种形式：手写板、Excel、软件系统和BI广告牌，企业根据自身条件和实际需要而选择。项目管理一般建议使用手写板，成本低，效率高！我们《大财工坊》项目使用的就是手写板。拿到一张空手写板后，在手写板上用黑色胶条划线，按设计好的项目框架布局呈现。我们把广告牌也分割为两层：一是总项目广告牌；二是个人的广告牌。

这样我们的项目广告牌就启动了，总广告牌可以展现项目全貌，有助于项目团队及时发现问题并持续改进，同时也能降低项目完成过程中的错误率，提升工作效率。比如，用项目管理广告牌跟进某个研发项目，项目负责人和团队的每一位成员都能够清晰地看到每个小组的研发进度和工作情况。一旦有环节出现问题，或者遇到瓶颈，就会一直处于停滞状态，即长时间处在"进行"中，导致整个项目进度缓慢，无法交付。这个时候，项目负责人只要察觉到有这种苗头，或者广告牌记录的状态异常，就会迅速响应，并及时解决问题。

除了看到项目进度、任务完成路线外，从广告牌还能看到每个人的贡献，从而调动大家的积极性、主动性和自发性。广告牌确保了整个团队共同承担将工作推向最终区域的责任，并促使团队能够做出更加敏捷的决策，从而推动项目向前发展。广告牌允许每个人在完成每个任务时就弄清楚如何完成一个项目，所有详细信息都可以在单个屏幕上看到。团队可以管理自己的任务、计划冲刺和收集待办事项，并首先执行优先级最高的任务。

课件研发过程中，案例组会看到有哪些课件已经被领取并开始撰写，如果没有完善好相关课件，研发链条就会中断；同理，框架组也会看到项目的进度，如果案例组的工作做完了，框架小组就要加快速度，避免"断粮"。同时，还会统计个人完成情况，大家看到数字，就会自动自发地加快速度。每周周会我们会统一进行项目复盘。对比历史进度。挖掘当前项目的机会和风险。

周而复始，我们通过项目广告牌不断推动大家向着总目标前进。其实，生产企业也特别需要经营看板，实现看得见的管理。

生产管理：
杜绝浪费，提高效率

  Kanban一词来自日文，出自丰田生产系统，也就是后来的精益生产，本意是信号卡片。在一个生产线上，当下游工序需要上游工序生产的工件时，下游工序凭借信号卡片向上游领取需要的数量和种类的工件。通过"广告牌"这个信号卡片向上游传递信息流，拉动从上游向下游的物料流，最终实现交付用户的价值，而拉动生产的源头是用户的需求，这就形成了拉动式生产系统。广告牌就是用一块板来传递和控制生产环节，其核心理念就是杜绝浪费、提高效率。

  广告牌管理是一种拉动式的管理方式，具体方法是在同一道工序或前后工序之间进行物流或信息流的传递，即从最后一道工序通过信息流向上一道工序传递信息，这种传递信息的载体就是广告牌。这种生产方式就是广告牌生产方式，是JIT准时制生产与精准生产的核心组成部分。

  广告牌管理有六个原则，即没有广告牌不能生产也不能搬运、广告牌只能来自后工序、前工序只能生产取走的部分、前工序按收到广告牌的顺序进行生产、广告牌必须和实物一起、不把不良品交给后工序。生产现场广告牌与可视化主要目的是：进行看得见的管理，通过可视化，实现自主管理、自我控制。

  制作生产管理广告牌首先需要明确需求，选定目标。生产现场有四大类指标，即安全、质量、成本和交期，简称为SQCD。

S代表安全（Safe），是红线，是刚性要求。这里我们可以设计几个指示牌，并放在最显眼的地方。比如"安全生产，人人有责"，或者用安全生产时长计时牌记录安全生产时长。所有员工都能看到这个数字每天更新，大家都为这个数字负责，一旦发生事故，数字就要清零。所以，所有员工都会自觉按标准安全生产，使这个数字保持增长。

Q代表质量（Quality），是不容突破的底线。质量指标很多，比如客户投诉率、退货率等，很多工厂都用合格率来衡量质量好坏。其实，入库合格的产品有两类：一类是一次性通过检验的产品；另一类是经过一次或多次返工后通过检验的产品。对于老板来说，肯定是一次性通过检验的产品越多越好。因此，我推荐老板们在设计生产广告牌时，加入一次检验合格率这个指标。

同时，我建议老板对生产中的关键工序也设置一次检验合格率。这样能及时、真实地反馈生产现场的质量控制情况；而且一次检验合格率越高，证明了生产的质量控制水平越高。

C代表成本（Cost），生产现场成本控制到位，让客户以较低代价取得满意产品，切实为客户创造价值。成本指标是生产现场管理的核心指标，是体现生产现场管理水平及管理业绩的指标，也是体现管理人员个人能力与水平的指标。我建议老板们在设计广告牌时选择投入产出率、人均产能和稼动率三个指标。

投入产出率是指投入的原料与最终产出的成品的比率。投入产出率高，代表投入材料合理充分利用，损耗小、损失低，增强企业竞争力；反之，则损耗大，成本失控。

人均产能也叫作人均贡献业绩，关注的是人的效率，一般指的是生产全员每人每小时为公司做了多少贡献。

稼动率其实是机器设备的利用效率。可细分为时间稼动率、性能稼动率与设备综合效率，比如时间稼动率，指设备在所能提供的时间内为了创造价值而占用的时间比重。稼动率关注的是机器设备的效率。

D代表交期（Delivery），是评估生产按时完成任务的能力，是反馈生产部产能及订单承诺的准确性。交期延误会严重影响客户价值。所以，交期是生产创造价值的基础。

在设计广告牌时，我建议老板们选择生产计划达成率和产量两个指标。生产计划达成率指在计划期内实际完成数量与计划数量的比率。它有两个关键点：一是时间，即要在计划期内完成，计划期内完成不了的，就算后续补上，也不能算生产计划达成率；二是数量，生产计划达成率是实际完成数量与计划数量的比率，也就是说，生产需要按计划生产完成，不能少做也不能多做。

产量这一指标能从整体反馈交期的达成能力。一般还会设置月度目标值，即用当月应完成的比率和实际达成的比率进行对比和提醒。

指标设计完成后，就可以开始制作生产广告牌。因为是生产现场使用，展现的数据又多，我们可以放弃图像化这些指标，将数字罗列整齐即可。如果数据指标过多，可以将其拆分为三层广告牌，把关键指标放在一个大广告牌中，供管理者俯瞰全局。拆解后的指标展现在各个部门广告牌中。

生产广告牌设计完成后，如何在生产管理中应用生产广告牌？

第一，明确责任人。生产现场广告牌需要专人管理，负责收集、更新数据，并反馈异常。通常由生产人员或生产助理负责。第二，将确定好的指标按老板和生产负责人关注的重点摆放到生产广告牌中。第三，解读指标，明确指标计算逻辑。第四，各原始数据提交责任人按时提交数据，广告牌负责人及时更新数据。广告牌数据是动态的，保证广告牌展现的内容及时更新是广告牌管理的基础要求，也是广告牌起作用的关键。第五，跟踪效果，持续改善，持续提升。

物料管理：
防止断料、囤料、呆料三步走

在生产经营中，断料、囤料、呆料，是物料管理的三大风险点。

断料，即企业生产无法满足客户需求，竞争力下降，面临失去市场的风险。比如，某公司有一道关键工艺需要用到某款纯度为5个9的化学试剂。虽必不可缺，但用量极少，可能一年只用得上100克。因此，公司每年都会一次性采购一年的用量。结果，使用部门在试剂用完时，突然发现没有备货，急忙找采购。这个试剂是从德国进口，原厂也没有库存，交期还要5个月之久，该试剂还没有同类替代品，于是工厂只能停工5个月。

囤料，即企业为了不断料而不断囤料，导致库存压力大、现金流紧张。某禽类加工企业，为了避免三黄鸡断货，将自己三个冷库全部塞满，后碰上禽流感，销量下滑，资金全部被三个冷库的货占用，公司几乎倒闭。

呆料，即物料存量过多、耗用量极少且库存周转率极低的物料，这种物料可能偶尔耗用少许，甚至根本就不被耗用。呆料会造成库存贬值或报废风险，也会增加库存。服装行业过季的成衣与面料是打折甩卖，还是转到下一季，甚至等到第二年再处理？很多服装企业对此犹豫不决，原因是怕打折损害品牌的形象，但问题是"呆滞的服装"放在手中，时间一长只能是一文不值！

如果企业能提前预测到可能产生的呆滞而打折甩卖，那么企业不仅能减少损失，对企业品牌也不会产生太大的影响。所以，预测呆滞就成为关键。

用经营看板做好物料管理，也可以四步走：

第一步，确定需求。

从物料管理的角度，侧重于体现物料管理的价值与目标；从内控的角度，侧重于控制物料风险。

总的来说，物料管理有三个目标：不断料、不囤料、不呆料。这三个目标通常称为物料管理的三层追求，或称三重境界。

第二步，指标选取。

不断料：为满足客户需求，全程不断料当然是最佳选择。但在实际工作中，因为各种原因总会有断料情况产生。怎么办？在较难保证不断料的情况下，我们需要做的是提前预测断料，从而提前应对，减少损失。即我们最起码要知道会不会断料，大概什么时候会断料。

从这个角度来看，缺料率、来料不良率是断料管理的重点，缺料率反馈内部对断料风险的控制程度，来料不良率反馈对外部断料风险的控制程度。

不囤料：不能为了不断料就大量囤积物料，这样会加大库存，带来现金流的风险。

现场物料太多，除占用现金外，还容易造成物料呆滞及掩盖一些问题，比如现场拥挤凌乱、物料搬运不便、现场物料数据统计不准等，这样囤料往往得不偿失。如何不囤料呢？可采用物料广告牌，即时更新物料需求；也可设定物料的高低限量，到达上限，即停止转入物料。

库存周转天数（库存周转率）是反映库存适不适量的通用指标。通过控制库存周转天数，控制囤料风险。

不呆料就是没有呆滞物料，现场的物料都是合理流动、近期有需求的。用广告牌标识出使用缓慢或长久不用的物料，呆滞物料就会减少，从而规避呆滞风险与损失，提升库存周转，保证库存的健康。

呆滞率是控制呆料风险的常用指标。

所以，物料广告牌有四个关键指标：缺料率、来料不良率、呆滞率、存货周转天数，如表11-2所示。

表11-2 物料广告牌的四个关键指标

指标	缺料率		来料不良率	
当日	7.69%	↑	14.29%	↑
累计	4.73%	↑	5.99%	↓
目标	3.50%		7.0%	
指标	呆滞率		存货周转天数/年化	
实际	2.41%	↑	22.2	↓
目标	2%		24	

第三步，指标的计算与设计展示。

广告牌制作一般可以采取四种形式：手写板、Excel、软件系统和BI广告牌，企业可以根据实际需要进行选择，物料广告牌比较简单，我们就重点讲一下指标的计算。

①缺料率=缺料的生产任务单÷全部生产任务单。其中，生产任务单可以是生产计划单或客户订单。

②来料不良率=来料不良批次÷来料总批次。其中，来料批次也可以是来料次数或来料数量。

③呆滞率=呆滞金额÷库存总金额。

④库存周转天数=360天÷库存周转次数，库存周转次数=出库成本÷平均库存。

物料广告牌的基础数据在各个部门手里，想做好物料管理广告牌，需要做好多部门协同。比如，缺料的生产任务单及总任务单数，来自生产排程及生产跟踪，由生产计划人员提供；

来料不良批次及总批次由来料品检IQC提供；呆滞金额与库存总金额由财务提供，库存数量来自系统，仓库盘点保障账实相符。

第四步，更新广告牌内容，指引物料管理。

首先，物控负责收集数据，更新物料广告牌数据。其次，关注广告牌实际数量及升降变化，如有异常要提醒相关部门注意，必要时专门上报，或召开会议专题解决。最后，广告牌可作为每周会议解读内容，持续跟踪，三个月迭代一次为宜。

到这里，经营看板的内容讲完了，目标，看得见才会去争取达成；过程，看得见就会有信心；问题，看得见才能去解决；成果，看得见就会被激励。用好经营看板，看见目标，看见过程，解决问题，拿到成果。

实战思考

我到企业考察，看到有各式各样的广告牌，有的做得特别漂亮，一看投资就不小。但是，参观过程中，我总是冒出一个疑问，这些广告牌到底是给谁看的？

给客户看、给老板看、给经理看，还是给员工看？

在我看来，大多数企业的广告牌要么是做给客户看的，要么是做给老板看的，为经理、为员工做的广告牌不多。在前面的内容中我讲到了向员工反馈信息的重要性，但是普遍而言，民营企业这方面重视不够。

各位读者，你们企业的经营看板都是做给谁看的？

后记

我能为你做点什么

一、民企老板关心什么

老板不懂财务，或者只重视业务而忽视财务，导致企业在财务领域遭受损失，比如运营低效、利润率降低、投资回报率低、风险增加、资金紧张、投融资困难……这些都是老板经常遇到并苦恼的问题。

财务管理有三大主题——增加利润、降低风险、增加现金流，这是所有老板都关心的。但是怎么解决问题呢？老板应该在经营管理过程中有一套怎样的思维体系？从哪里找一套解决问题的系统工具？谁又能帮老板做财务流程和内控体系的构建与执行呢？

总的来说，老板要实现上述三大目标，需要三个"一"：一套完整的财务系统、一名优秀的财务总监和一支胜任的财务军团。

二、我们要做什么

专注于财务管理实践，致力于财务技术的应用与开发，以"爱财务、爱生活"为理念，我们这一群从事财务工作的热心人士，在 2005 年创办了"中国财务技术网"。

财务技术网创立的前三年时间内，一直在做沙龙活动和高端财务课程研发工作。进行了数百场沙龙与课程研发的讨论，几十位财务高手共同参与，研发了 60 多个财务课程专题。2012 年我们重新成立了"金财咨询"，我任董事长和主讲老师。

我们在原来的基础上，总结建立了后来带来数十亿元销售收入的"企业财务系统"。2009—2022 年，我们累计为 16 万多位老板、高管和财务人员提供了相关培训，金财公司也从一个初创型公司，成长为一个营业额在 10 亿元左右的财务咨询公司。在这些培训过程中，我们也进一步升级了民企财务管理的课程体系。

构建财务体系，是民企成长中的必经之路。构建基于企业经营、管理需求的"大财务"，而不是建立应付税务局的"小财务"或"糊涂账"，这是我们的一项重大使命！

在帮助企业建立财务系统的过程中，我们发现企业老板普遍缺乏财务基础。老板懂财务是企业建立财务系统的基石。老板喜欢财务、有财务思维、擅长运用财务工具、知道向财务人员提要求、习惯数据化决策，是决定企业财务系统构建顺利的关键因素。

财务人员的胜任能力，决定企业的财务系统能否得到强有力的落地、执行。财务人员的专业技术、综合素养和职业经理能力都至关重要，为企业打造一支"来之能战、战之必胜"的财务铁军，是 5000 多位历练过《大财工坊》训练营的财务人员所共同奋斗的目标。

"苗好，土壤也要好！"企业的高管环境，决定了财务与业务的一体化程度。高管有财商，能用财务的思维去思考业务，打通财务与业务的壁垒，用财务数据去指导业务运营的方向，财务系统才能得以真正落地和通畅运行。

基于以上逻辑，我们升级了大财务体系，推出大财务体系2.0，如下图所示。

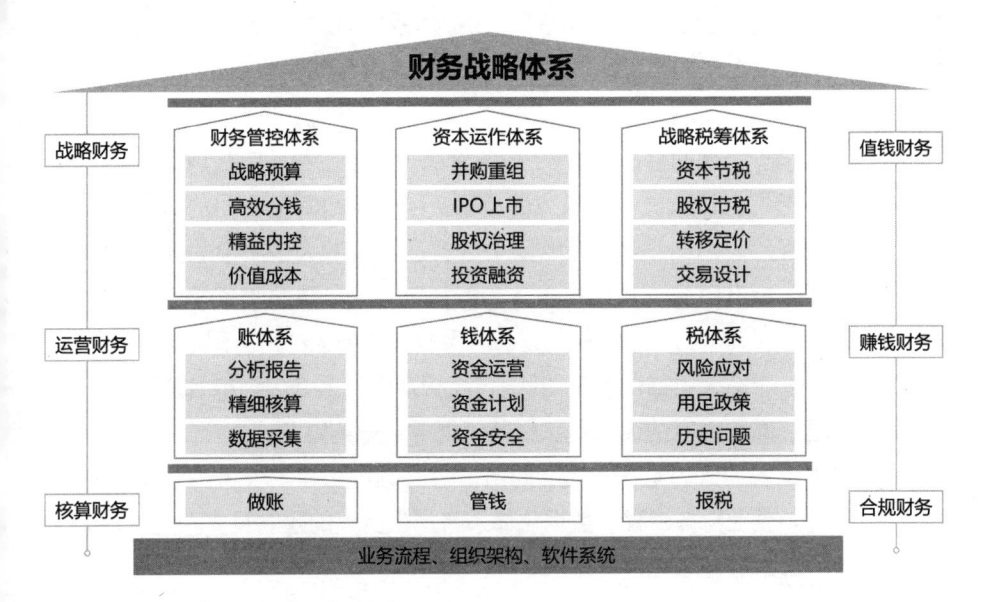

```
                        财务战略体系

战略财务    │ 财务管控体系 │  资本运作体系 │ 战略税筹体系 │   值钱财务
            │   战略预算   │   并购重组    │   资本节税    │
            │   高效分钱   │   IPO上市     │   股权节税    │
            │   精益内控   │   股权治理    │   转移定价    │
            │   价值成本   │   投资融资    │   交易设计    │

运营财务    │   账体系     │   钱体系      │   税体系      │   赚钱财务
            │   分析报告   │   资金运营    │   风险应对    │
            │   精细核算   │   资金计划    │   用足政策    │
            │   数据采集   │   资金安全    │   历史问题    │

核算财务    │    做账      │     管钱      │     报税      │   合规财务

              业务流程、组织架构、软件系统
```

三、我们能做什么

20多年来，我一直从事财务工作，做财务分析、ERP信息化咨询、审计、IPO上市、财务治理等。这一路走来，特别是创办财务技术网、金财咨询团队以后，我始终坚持"团队制胜"的运作方式，建立我们的"内容体系""咨询体系"及"人才体系"。

1.财务升级之课程体系。

一个懂财务的老板。"老板利润管控"课程主要起财务的启蒙及普及作用，涉及内容包括：资、税、账、管、人。客户收获有：轻松看懂报表、实现利润增长、打通财务与业务的壁垒等。

一套完善的财务系统。"财务体系"是专门帮助企业建立完善财务管理体系的咨询式课程。"老板+财务人员+财税咨询师+电脑+方案工具"，全面为企业梳理、建立财务五大系统和方案：财务战略与支撑系统、账系统、税系统、钱系统、财务管控系统。"股权体系""资本体系""内控体系""预算体系"是最近几年研发出来的，帮助老板和高管打通大财务管理体系2.0的一系列内容。

一支强大的财务铁军。"财务军团"是专门帮助老板训练其财务部门全体人员岗位能力的课程，结合了数百家企业的财务咨询经验，总结了300多个财务人员应该会却大多不会的技术绝招，提升财务人员的技术、效率和忠诚度，重塑财务角色与使命，使其成为一名优秀的财务人员或一支强大的财务团队。

一个有大财商的高管团队。"高管财商"是专门训练各部门经理、高管财商的课程，包括营销财务、采购财务、生产财务、研发财务、人力财务、运营财务、总经理财务等。业务人员懂财务，企业财务流程、数据化体系将产生巨大的效能裂变。

2.财务升级之咨询体系。

财务系统建设咨询，包括股权架构设计咨询、账钱税系统咨询、预算系统咨询、内控系统咨询、ERP信息化咨询、税收筹划咨询、薪酬绩效系统咨询等。

财务强则企业强。金财是我们的道场，财务是我们的手段，课程与咨询是我们"敬天爱人"的媒介，我们已经做好了准备——用财务为客户创造价值。不敢言大，但求专精，将毕生精力投入企业大财务管理升级之中，这是我们可以做到的。

用财务创造美好生活，爱财务、爱生活！

附录

学员联名推荐

张金宝老师讲授的财务系列课程，通俗易懂，趣味生动，针对民营企业财务管理实践，落地性强。课程中的许多方法、技术和工具，为我们企业带来了实实在在的收益。其中大部分公司实现了利润提升20%以上（部分企业利润增长至400%以上）、财务税务风险大幅降低、现金流明显增加的效果。同时，也建立了自己企业的管理"驾驶舱"和内部管理报表体系，能够轻松阅读财务报表，打通财务与业务的壁垒，可以用财务来管理业务与经营，为企业从"小财务"到"大财务"升级提供了技术保障。

我们很高兴看到，张金宝老师将他的部分财税思维与工具著作成书，让更多的企业家受益，让他们在财务管控与财务体系建设方面走得更加稳健，实现企业经营利润持续增长。可以说，张金宝老师所写的每一本书，都是我们这些民营企业家的宝贵学习资料及落地工具。也只有真的学会了、用实了，才能切身体会到书中系统方法和落地工具的精妙。这些方法和工具都实实在在地帮助、指导着我们，不断实现着企业的发展与突破。

怀着对张金宝老师的感谢之情，我们在此向全国所有的民营企业家联名推荐此书！（以下排名不分先后）。

我们公司是一个从事配件加工的企业，属于制造业。来金财学习，主要是公司遇到了发展瓶颈，也在寻求自己的发展空间。在金财课程的启发下，我们在业务模式、股权架构等方面，结合了公司未来的发展，都做了很大的调整。

《老板财务内控11把刀》也是我们盼望已久的一本新书，张老师在课程上只是展示了书里的几个亮点，我就被深深吸引了，无论是从整体框架上，还是从落地性上，都非常适合我们民营企业，十分期望张老师的新书尽早发售，也让我们尽早拿到新书，与公司全员一起学习！

——山东宇信铸业有限公司　高管　牟永宁

我们和金财是同行，也是从事教育行业，在金财学习对我的启发非常大，张金宝老师能从业务的角度，把财务的底层思维说得让人非常容易理解，带给国内民营企业老板非常大的影响，同时也拉高了我们行业的高度，我们非常认可金财提出的理念：帮助民企老板打造一个更赚钱、更值钱、更长寿的企业！

张老师写的每一本书，都是我们的学习资料，从《老板财务管控必修课》到即将发售的《老板财务内控11把刀》，我都会一本不落地看完，不仅我学习，也带着我身边的老板一起学习。

——郑州家天下教育信息服务有限公司　董事长　王纪琼

我是一个医药公司的老板。过去我一直在抓营销、业务这些模块，现在企业增长逐渐乏力，在几千万元的规模上一直徘徊，上不去。我作为公司老板，就需要开始寻求突破。

张老师在课程里说了一句话：老板就是企业的天花板，老板的财务水平，决定企业的财务水平。我上的第一堂课就是金财的"老板利润管控"，后面陆续参加了"内控体系""预算体系"等课程,获益匪浅。现在,张老师的内控课程要出书了,我非常高兴!对我们老板来说,内控落地不只是几个人学习课程就够了,公司全员要一条心、一个思维,这本书就是我们落地的一个很重要的工具!

——茂名永生医药科技有限公司　董事长　莫宗夫

我们公司属于一个比较年轻的行业,公司的业绩原来增长很快,后来增长就越来越慢了……一开始,我一直在营销方面找原因,不停地出去找订单、拉业务,后来发现根本行不通。

一次很偶然的机会,我来到金财的课堂上。张金宝老师太厉害了!把财务内容说得如此通俗易懂、有意思。我得到了非常大的启发,企业管理的核心是财务管理,所有与钱有关的管理都叫财务管理。对我来说,想突破企业发展瓶颈,就要从财务切入!

——贵州天保生态股份有限公司　董事长　王兴

我们公司是做煤炭器械的,接触金财课程后,我现在已经成了张金宝老师的铁杆粉丝,金财的活动我都积极参加,还会跟着张老师一起出去上课。

听说张老师要发布内控书籍,我力荐各位民营企业老板,一定要读一读!这本书和课程一样精彩,从老板、业务、财务的角度分析了内控如何建立,内控不仅仅是财务一个部门的工作,想要有效果、有效率,老板和业务部门也一定要参与。张老师在内控大课上说,内控损失占企业年营业额的 5%。在现在的经济形势下,企业想要提高利润很难,我们不仅要开源,也要节流,做好降本增效。

——山东窄宽科技有限公司　董事长　司延平

◇食品/餐饮

河北金沙河面业集团有限责任公司　财务总监　　　闫翠丽
北京漫水谣食品有限公司　总经理　　　　　　　　李如成
成都袁记串串香餐饮管理有限责任公司　董事长　　袁　毅
湖北李二鲜鱼村餐饮连锁管理有限公司　董事长　　李声平
烟台鲁顺食品股份有限公司　董事长　　　　　　　张鲁霞

◇服装/纺织/服饰

杭州依目了然服饰有限公司　总经理　　　　　　　笪华英
重庆宝莱迪多贸易有限公司　财务总监　　　　　　吕士臣
浙江真利纺织有限公司　总经理　　　　　　　　　翁森源
福州欣盛服饰有限公司　董事长　　　　　　　　　金宁锋
绍兴柯桥实在纺织有限公司　董事长　　　　　　　唐华良

◇零售/贸易/服务

武汉宏达天地商贸有限公司　董事长　　　　　　　李仁林
南京麦锡电子商务有限公司　总经理　　　　　　　周瀚岳
扬州凯来旅游用品有限公司　董事长　　　　　　　杭伟琴
巨日鞋业有限公司　总经理　　　　　　　　　　　孙红微
宁波摩多进出口有限公司　董事长　　　　　　　　陈维真

◇教育/培训/咨询/文化/艺术

郑州利生科教设备有限公司　董事长　　　　　　　丁晓东
广东葫芦堡文化科技股份有限公司　董事长　　　　徐　丽
南通弘文图书发行有限公司　董事长　　　　　　　朱明光
北京百思艺腾文化传媒有限公司　董事长　　　　　岳云飞
太原市晋文源图书有限公司　董事长　　　　　　　张良贵

◇医药/医疗器械/保健

湖南巴雷曼医疗科技有限公司　总经理　　　刘韬/刘文刚
石家庄以岭药业股份有限公司　总经理　　　　　　张　辉

山东一诺医疗器械有限公司　总监		李　雯
义乌市三溪堂国药馆有限公司　董事长		朱智彪
江西东森科技发展有限公司　董事长		吕正和

◇ 科技 / 计算机信息技术 / 通信 / 系统集成

天识科技有限公司　董事长		呙　平
爱土工程环境科技有限公司　总经理		周治安
安徽中视网络科技有限公司　董事长		谢金堂
黑龙江宝昌农业科技开发有限公司　总经理		曹宝昌
临沂市京华生物技术有限公司　总经理		王正连

◇ 新能源

济南聚丰科工贸有限公司　董事长		刘　云
常州好时新能源有限公司　董事长		陈　伟
德州金亨新能源有限公司　董事长		韩荣涛
山东省隆晟风力发电服务有限公司　总经理		张小芬

◇ 建筑 / 建材 / 装饰 / 工程 / 机械

天津斯图曼装饰工程有限公司　董事长		黄学华
武汉恒通伟业道桥设计有限公司　经理		张小丹
重庆云顶溶洞景观设计有限公司　总经理		陈志敬
垦利县水利工程公司　董事长		吕景敏
潍坊方程工程有限公司　董事长		李良山

◇ 生产 / 加工 / 制造

河北同业冶金科技有限责任公司　董事长		张静霞
丹阳市鸿翔车灯有限公司　总经理		杭惠平
无锡钜泽不锈钢有限公司　董事长		魏育松
江苏德克精密工具有限公司　总经理		邱卫东
大连美源化妆用具有限公司　董事长		金照轩

◇ 交通/物流
莱芜永顺物流有限公司　董事长　　　　　　　孟现彬
青岛荣圣达国际物流有限公司　总经理　　　　林翠荣

◇ 汽车/摩托车/交通运输/驾校培训
江西运众汽车销售有限公司　总经理　　　　　李文斌
山西香山新奇汽贸有限公司　董事长　　　　　高保瑞
武汉邾城驾校 董事长　　　　　　　　　　　熊敏刚
潍坊富鑫汽车配件有限公司　总经理　　　　　王连玉
北京标龙京津汽车销售服务有限责任公司　总经理　谢稳立

◇ 房地产/物业
苏州中茂置业发展有限公司　总经理　　　　　吴土珍
北京华美天海房地产经纪有限公司　董事长　　张　璐
烟台市城新中鲁置业有限公司　经理　　　　　邢　林
江西鸿昊建设有限公司　总经理　　　　　　　杨国俊
潍坊路桥开发有限公司　总经理　　　　　　　于兆华

◇ 化工
济南阿波罗甲壳素肥业有限公司　董事长　　　李向群
苏州世华新科材料科技有限公司　总经理　　　顾正青
武汉现代橡塑技术有限公司　总经理　　　　　何抗生
青岛茂林橡胶制品有限公司　总经理　　　　　韩志刚
惠州市彩森环保涂料有限公司　总经理　　　　廖艳良

◇ 金融/投资
保山市腾冲县融达小额贷款有限公司　总经理　李国湘
北京东财会计事务所 董事长　　　　　　　　许海营
天津市港城投资开发有限公司　财务部长　　　刘金栋
青岛宝丰投资集团有限公司　董事长　　　　　孙岐彬

◇ 印刷业 / 纸类制品

昆明轻工彩印包装有限公司　总经理　　　　　全　芳
南通山河印务有限公司　董事长　　　　　　　徐　良
云南纸源工贸有限公司　总经理　　　　　　　杨　红

◇ 电子技术 / 半导体

陕西西北铁道电子有限公司　董事长　　　　　杜　鹃
厦门派对屋电子有限公司　董事长　　　　　　林龙辉
上海石易电子科技有限公司　董事长　　　　　王长军
福建吉邦电子有限公司　总经理　　　　　　　施玫盈
山东开元电子有限公司　总经理　　　　　　　刘树高